ベルリン・都市・未来

武邑光裕

太田出版

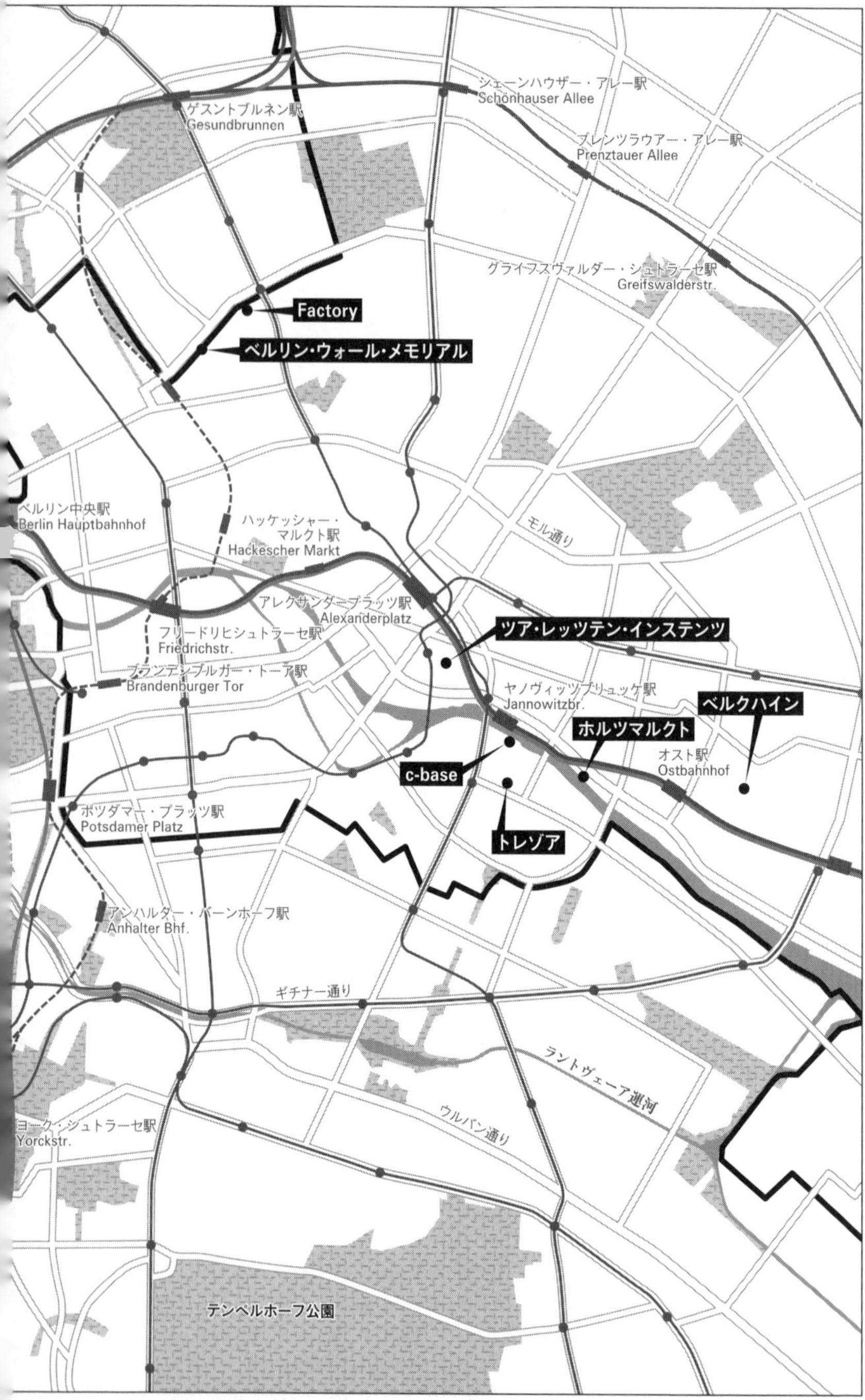

シェーンハウザー・アレー駅
Schönhauser Allee
ゲスントブルネン駅
Gesundbrunnen
プレンツラウアー・アレー駅
Prenztauer Allee
グライフスヴァルダー・シュトラーセ駅
Greifswalderstr.
Factory
ベルリン・ウォール・メモリアル
ベルリン中央駅
Berlin Hauptbahnhof
ハッケッシャー・マルクト駅
Hackescher Markt
モル通り
アレクサンダープラッツ駅
Alexanderplatz
フリードリヒシュトラーセ駅
Friedrichstr.
ツア・レッツテン・インステンツ
ブランデンブルガー・トーア駅
Brandenburger Tor
ヤノヴィッツブリュッケ駅
Jannowitzbr.
ベルクハイン
ホルツマルクト
オスト駅
Ostbahnhof
c-base
ポツダマー・プラッツ駅
Potsdamer Platz
トレゾア
アンハルター・バーンホーフ駅
Anhalter Bhf.
ギチナー通り
ラントヴェーア運河
ウルバン通り
ヨーク・シュトラーセ駅
Yorckstr.
テンペルホーフ公園

ベルリン市街図

レオポルトプラッツ
ゼー通り
ヴェストハーフェン駅
Westhafen
ブッセルシュトラーセ駅
Beusselstr.
ユングフェルンハイデ駅
Jungfernheide
シャルロッテンブルク宮殿
シュプレー川
ベルヴュー駅
Bellevue
ティーアガルテン駅
Tiergarten
戦勝記念等
ベルリン動物園駅(ツォー駅)
Zoologischer Garten
ベルリン
動物園
シャルロッテンブルク駅
Charlottenburg
ザヴィニープラッツ駅
Savignyplatz
ハーレンゼー駅
Halensee
ホーエンツォレルンダム駅
Hohenzollerndamm
N
ハイデルベルガープラッツ駅
Heidelberger Pl

東西ベルリンの若者たちが、
テクノにすばやく共感したことは注目に値する出来事だった。
それは彼らの共通項となったのだ。

——ディミトリ・ヘゲマン

AN ALTERNATIVE HISTORY OF THE FALL OF THE BERLIN WALL
MAX DAX AND ROBERT DEFCON
Fall 2014 issue of Electronic Beats Magazine

はじめに

ベルリンのヒッピーたち
アーティスト、ハッカー、DJが築いたベルリン

一八六の異なる国籍を持つベルリン市内の外国人は六五万人。人口三六〇万人のベルリン居住者の一八．四％はドイツのパスポートを持っていない。ベルリンの経済活動の多くは、都市のインフラ（交通、水道、ゴミ処理、エネルギー）企業、文化産業や観光産業を筆頭に、中小の外国企業や国内外から参集するネオ・ヒッピーと呼ばれる多彩な起業家によって生み出されている。いわゆる規模の経済を担う大企業よりも、個の経済活動が活発だからだ。しかしベルリンでなぜヒッピーなのか？　この街はなぜ外国人や異質な文化を寛く受け入れるのか？　この問いこそ、本書の主題であり、ベルリンという都市の秘密を紐解く鍵となる。

一九九〇年のベルリン

一九九〇年、僕は東西ドイツ統一直後のベルリンに初めて足を踏み入れた。当時の旧東ベルリンは、廃墟、荒廃地、崩壊寸前の建物が点在し、全ては灰色だった。夜の街は暗く、ぼんやりとした橙色の光の中に沈んでいた。いくつかの通りにはほとんど照明がなく、クルマも走っていない。アレキサンダー広場から続くカール・マルクス・アレーは旧東ドイツが威信をかけて作り上げた大通りで、周囲の建築は独特の社会主義美学を誇っていた。しかし東ドイツ政府の要人エリアもひっそりと静まり返り、街の中心部でさえ、夜の通りには人通りはほとんどなかった。今のミッテやプレンツラウアー・ベルク地区からは想像すらできないが、A. タルコフスキーの映画『ストーカー』に登場する「ゾーン」ように、これらの地区は瀕死の街だった。

僕の最初のベルリン体験は灰色の廃墟から始まった。その直後、日本のテレビ局のベルリン特番取材のために再度ベルリンを訪れた。東西ドイツ統一直後の首都ベルリン。これから開始される壮大な都市再開発をVRで計画する「サイバーシティ・ベルリン」というプロジェクトの取材や、バウハウス・ミュージアムで建築家レンゾ・ピアノにもインタビューした。ドイツの首都となったベルリンは、どのように再生されるのか？

旧東ベルリンの市街地から郊外へとクルマで移動して見えてくる光景は、荒廃した都心部と違い、のどかな田園風景だった。長らく閉鎖され廃墟となっていた旧東ベルリンの地下鉄駅にも入った。東西ベルリンの地下鉄にも壁がなくなる日が近いことを実感した。その時以来、ベルリンの復興のベルが鳴り響く。それはドイツの新首都再生計画という名の「ベルリンルネサンス」の到来だった。

ベルリンはどのような都市をめざすのか？　僕はその関心もあって、毎年のようにベルリンに通い続けた。一面の廃墟から、ベルリンは近代的な都市の体裁を急速に整えようとしていた。しかしそれ以上に、この街の未来に向かう開発の古層には、拭いきれないベルリンの歴史が眠っている。それを肌で感じることがベルリンと長くつながってきた理由だった。

「良心」を刻印された街

長きに及ぶ大学教員の職を辞め、とうとう二〇一五年春からベルリンに住むことになった。住むとなればクロイツベルクに決めていた。しかも住みたい通りも決まっていた。ベルリン・パンクもテクノも緑の党も、その反骨のシュトラッセから生まれた。ベルリンで最もヒップなエリアといわれ年々人気のクロイツベルク地区には、家賃高騰とジェントリフィケーションの嵐が吹き荒れていた。

家賃の大幅な値上げを要求され、立ち退きを覚悟しなければならない地元に愛されてきたパン屋に、二〇〇人ほどの地元コミュニティが立ち上がった。パン屋を救うためのボランティアは、三度のデモを行いメディアにも訴えた。彼らは三カ月かけて政治家を巻き込み、パン屋の家賃低減をロンドンの地主に認めさせ、今後も営業ができる権利を勝ち取った。地域に困った住民がいれば、皆で助け合う。キーツ（近所）の相互扶助はベルリンでは当たり前である。そんな出来事もあって、短期で滞在するベルリンと実際に暮らして見えてくるベルリンは大違いだった。一年を通じて感じる温度や湿度、冬の厳しさを一気に忘れさせてくれる夏の素晴らしさ、何よりベルリナーの人間性は素晴らしい。夏のオープンカフェやコミュニティガーデンで過ごす時間は、ベルリンに住む者に与えられる生活特権だった。

旅行者の訪問にもベルリンは期待を裏切らない。ベルリンは大規模な戦争犯罪や極端な暴力の歴史に立ち向かう「良心」を刻印された街である。だから常に不幸な過去を極端に警戒し続ける「恐れ（Angst）」の感情を抱き、街は最先端の政治理念や文化芸術を実装し続ける。そのため、外国人旅行者や短期移住者には最善の文化芸術を惜しむことなく提供し、移民、難民には膨大な仮設住居や仕事を提供する。来訪者を包容し、ベルリンは持てる全ての優しさを表現する。

ベルリン・ヒッピーの夢の実現

今、ベルリンでネオ・ヒッピーと総称される起業家たちは、世界中のデジタル・ボヘミアン、マーベリック、コピーキャット、メーカーとも呼ばれる野望に満ちた顔ぶれである。彼らをネオ・ヒッピーと呼ぶには理由がある。今となってはあまり知られていないが、実は壁崩壊直後、ベルリンは一時的であるにせよ一九六〇年代のヒッピー文化の夢を唯一大規模に実現した街だった。サンフランシスコの大自然ではなく、旧東ベルリンに無数にあった廃屋スペースを無断占拠（スクウォット）できたことで、当時ベルリンにいたアーティストやハッカー、ＤＪたちは新しい世界を創造していた。

誰もが静かで親しみやすい雰囲気を持ち、常に創造的なアイデアを語り、踊ることもできた。占拠された数々のスペースには、彼らのルールだけが適用された。それは誰もが平等であり、誰もが尊敬を受けた。彼らは同じコミュニティに属し、お互いを認め合った。彼らは最近まで分断されていた苛酷な政治情勢さえ、紛争ではなく「協力」として再定義したのだ。

それは突然起きたヒッピー運動だった。少なくともそれは、彼らが想像していた六〇年代のヒッピーとほとんど同じ体験だった。朝に抱かれた人々、ラブ＆ピース。当時のベルリン以外の都市なら、過去の文化流行として一蹴されたかもしれないヒッピー文化が、ベルリンで一気に開花したのだ。時の錯綜なのか時代の逆行だったのか？　壁の崩壊がもたらしたエフェクトは、皆の想像をはるかに超えていた。それはパンクの時代に終わりを告げた。誰とでも仲間になり、笑顔で挨拶を交わす「サマー・オブ・ラブ」（一九六七）の精神が、時代を超えてベルリンの荒廃地に広がっていった。

ベルリンテクノの夢

その態度は、テクノの初期の時代に由来していた。ウォールダウンが起こる直前の一九八八年、数十人の西ベルリンの若者たちが、当時クロイツベルクにあったUfoやTurbineという初期のテクノクラブで出会い、その音が未来だと確信した。それは彼らがこれまで知っていた、いかなる音とも違っていた。それは音楽の分類化に抵抗するものだった。ステージに立つスターはもはや存在しないという考えは、一九九〇年代から始まる変化の兆しだった。代わりに、DJ、オーディエンス、音楽の全てが一体となり融合した。全てが平等だった。ヒッピー文化の真髄を、東西の若きベルリナーが心に刻み込んだ瞬間だった。それは、後のベルリンのクラブカルチャーや世界一のハッカー組織「カオス・コンピュータ・クラブ（Chaos Computer Club）」の精神に受け継がれていくことになる。

壁が崩壊した直後に、東ベルリンで最初のレイブも始まった。無数の空き地があったので、人々はあらゆる夢を実現することができた。これが「ラブ・パレード」を生み出す原点だった。街の至る場所には家具や生活用品が捨てられていた。クラブを作り上げるのも、廃棄された家具を集めてくるだけで良かった。その種のパーティーに共通していたのは、かつてサンフランシスコでフォルクスワーゲンのワゴンに乗って自然を駆けめぐった、ヒッピーたちの姿そのものだった。当時のヒッピーたちは、サンフランシスコのヘイト・アシュベリーを起点とし、郊外に広がる大自然が彼らの夢を実現する舞台だった。ベルリンのヒッピーたちの夢の実現舞台は、旧東ベルリンに放置された無数の廃屋空間だった。

よみがえるヒッピー精神

サンフランシスコのヒッピー文化がピークを迎えてから二〇年後、ベルリンで突然開化した新たなヒッピー文化は、荒廃したベルリンを再生させる原動力だった。しかし彼らの役割も急速な都市再開発の波に押され、ベルリンから静かに消えていく運命でもあった。もちろん、今でもスクウォッター（建物の無断占拠をする人々）もヒッピーも、ベルリンには少なくなったとはいえ存在している。しかし急速に変貌するベルリンの中で、彼らの居場所は狭められている。

壁の崩壊から十年、街にはドイツの首都にふさわしいとされる斬新な建築がいくつも立ち上がり、ポツダム広場ではベルリンの経済センターや大規模商業施設が開発されていった。二〇〇〇年になると、ベルリンの中心部を東西に横切るシュプレー川の両岸に外国のメディア企業や外資ホテルなどを誘致する「メディアシュプレー」計画が動き出し、建設ラッシュが始まった。次々と建つ鉄骨とガラスの現代建築群は、ベルリンのシュプレー川沿いにあった伝説のヒッピー・クラブを退却させ、夏のビーチとなる豊かな自然生態系を一面コンクリートの景観に変えていった。

二〇一〇年、この状況にベルリン市民が立ち上がる。シュプレー川の自然生態系を守り、外国系資木に委ねられた地域不在のウォーターフロント開発に強い抵抗を表明したのだ。住民投票が始まり、地域住民の大多数が反対票を投じた。その結果、シュプレー川の再開発に大きな修正が加えられた。この時、大規模開発の犠牲となったクラブ経営者やかつてのベルリン・ヒッピーたちの再結束が静かに進行した。

今、世界中の起業家やクリエイターたちがベルリンを目指す。歴史に翻弄され荒廃した街それ自体が、世界に類を見ないデジタル経済を生み出す原動力になった。今、ベルリンでスタートアップを目指す起業家は、かつてのベルリン・ヒッピーたちとは世代も価値観も異なる。しかし、ベルリンに魅せられ世界中からやってくる彼らの思いには、第一世代のベルリン・ヒッピーたちの夢と重なるところがある。

シリコンバレーからベルリンへの迂回路

近年のシリコンバレー失速の大きな要因は、ＩＴ巨人の権益が肥大化したことでイノベーションへの大きな壁ができ、さらにサンフランシスコの家賃の異常な高騰など、さまざまな原因が憶測されている。いまだにシリコンバレーの影響力を信じる者は、ここベルリンでは少数派である。早くシリコンバレーからの洗脳に目覚めよ！　との呼びかけは、米ＩＴ巨大企業への疑心や反発と共に欧州で加速するデジタル社会改革の軸足となるEUの立法「一般データ保護規則（GDPR）」の動きとも連動している。

インターネットを一九九五年段階にリセットするこの法規則は、二〇一八年五月二五日にEU加盟国全ての国で施行された。EU市民の個人データを収集し、それを莫大な利益に変えてきた米IT巨人企業への反旗であるばかりか、このGDPRはEU独自の厳格なプライバシー保護を武器に、世界で最も厳格で個人データ保護の世界標準を標榜している。

これにより、斬新なスタートアップを生み出す基盤が生まれ、世界のデジタル経済を是正しようという大目標なのだ。ある意味では、サンフランシスコから生まれたカウンターカルチャーのような法律で、その真価はもうすぐ明らかになる。これに呼応するならば、シリコンバレー衰退の最大の原因は、かつてのサンフランシスコのカウンターカルチャーやヒッピー文化がことごとく退却したからだという指摘は実に鋭い。

シリコンバレーからベルリンへの迂回路は、現代の対抗文化やヒッピー文化の精神が向かう必然の経路である。だから、かつてのベルリン・ヒッピーたちも、世界からやってくる新世代のネオ・ヒッピーを温かく迎え入れる。利己的な欲望に満ちた野心家であろうと、エシカルなソーシャルビジネスをめざす若者であろうと、ベルリンには彼らの夢をさえぎる壁がない。あるならその壁を壊せばいい。ネオ・ヒッピーこそ、ベルリンの、そして世界経済の新たなアクターである。

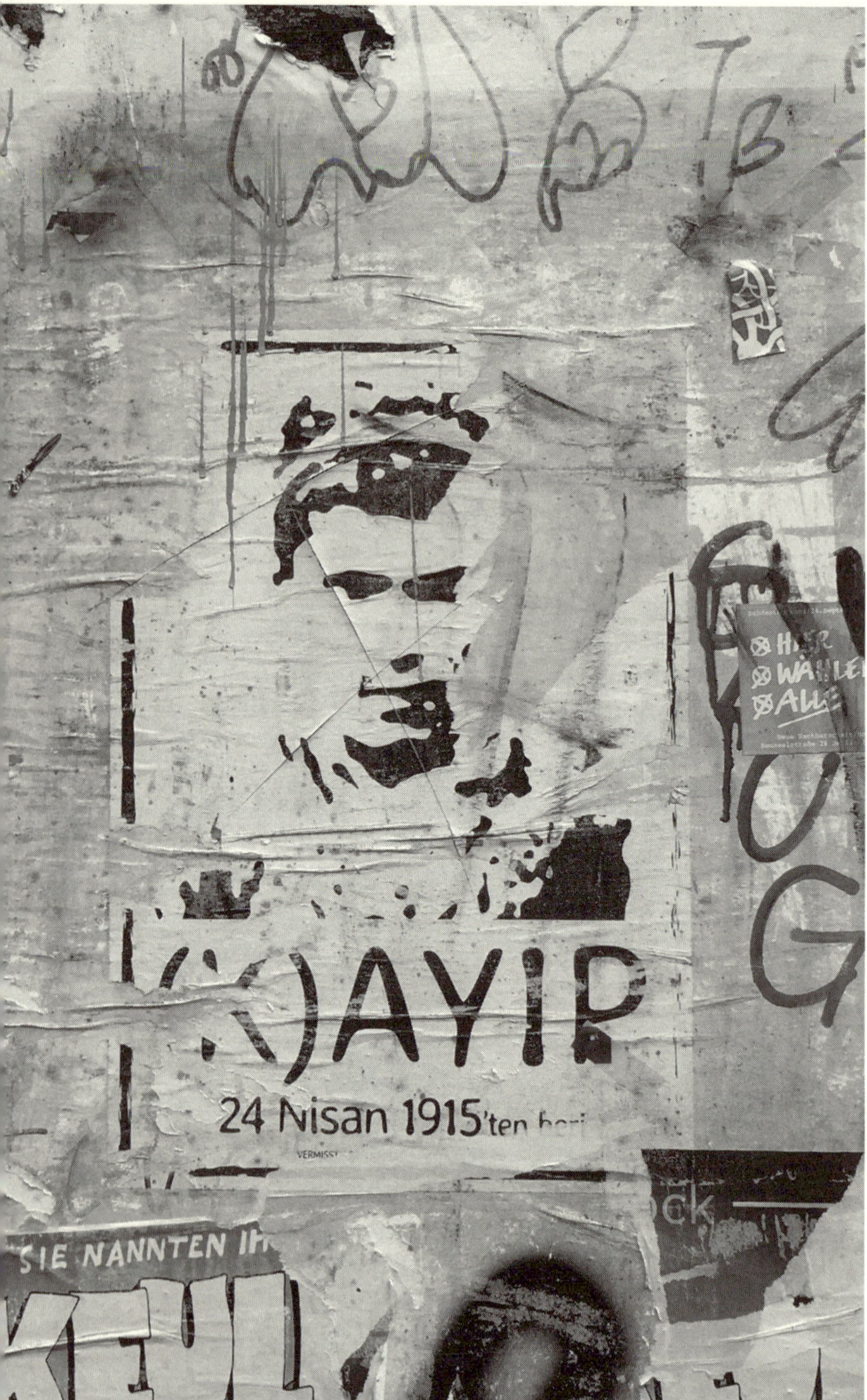

(K)AYIP
24 Nisan 1915'ten beri
VERMISST
SIE NANNTEN IH

1章

ベルリンの「壁」はなぜ人々を魅了するのか？

1 ベルリン、ボトムアップとイノベーション
2 ベルリンの水路と「都市壁」
3 イデオロギーの壁との戦い
4 トンネル57とトーキョー
5 『ベルリン・天使の詩』の意味
6 スクウォッター、クラブ、アートスペース、コワーキングスペース

1 ベルリン、ボトムアップとイノベーション

ベルリンは一年を通じて乾燥した気候だが、夏と冬とでは生活の仕方が全く異なる。まず日照時間が大きく異なり、冬の日の出は朝八時、日没は午後四時半ごろである。一方、夏場は午前五時には明るくなり、午後十一時近くまで明るい。太陽に照らされた夏を体験すれば、暗く寒い冬は乗り越えられると、皆が口をそろえて言う。季節の「差異」が人々に緊張感をもたらし、仕事と余暇をどう振り分けるか？　そのライフスタイルのレシピも成熟してきた。

ベルリンは、EUを牽引する経済大国ドイツの首都でありながら、自動車をはじめ国内の基幹産業を代表する大企業はほとんど立地せず、中小企業や個人の事業活動が活発な点が特徴だ。これは本書の中で詳述することになるスタートアップの活性に重要な基盤となってきた。大企業の既得権益がない分、新興の起業家にとっては目の前の障壁がない。東西統合によって取り壊されたベルリンの壁のように、スタートアップにとってレガシーの「壁」がなかったのだ。

都市は、社会的なイノベーションが最も顕在化する場所だ。最高のアイデアは、首都の政策立案者

が夢を見ている間に草の根から立ち現れる。最も想像力豊かな都市では、トップダウンとボトムアップをいかに創造的な方法で結びつけることができるかが重要な課題となる。ベルリンは今、ボトムアップの一翼を担うアーティストやスタートアッパーたちの移住地としてのみならず、世界中の人々の心を強力な磁石で惹きつけている。

近年、都市計画の悪しき事例は、デジタル・センサーが無数に散りばめられた先駆的で未来的な青写真が、そこに住む人々からのインプットなしで設計され、実際に建設されてしまうことだ。いわゆるトップダウンと企業主導のスマートシティ計画の失敗事例は、世界に多くある。ベルリンは一九九〇年の東西統合以後、ドイツの首都としての威信を背負い、何度も行政主導の都市計画が推進された。しかし、市民不在の首都再建計画は、幾度も変更を迫られた。

一九九〇年以降の十年間は、廃墟からのスタートだった。東西分断のベルリンを融合し、交通や電気、上下水道、ごみ処理といったライフラインや住居の再生はもとより、ドイツの首都ベルリンの再生は途方もないプロジェクトだった。そのほとんどは、ドイツ政府の威信をかけたトップダウンによって急ピッチで進められた。

トップダウンだけでなく、ベルリンはボトムアップのイノベーションを生み出す創発と自己組織化の街だ。異質性と多様性が集合すると部分の総和以上の変化や組織化が起こる。これが「創発(emergent)」という言葉の意味だ。ベルリンという都市が体験してきたのは、大規模なトップダウン計画ではなく、アーティストやハッカーたちが自生し組織してきた展開からこそ、ベルリンが形作られているという事実だった。トップダウンもボトムアップも、失敗があればやり直せばいい。ここはニューヨークでもパリでもロンドンでもない。二〇世紀のメガシティの価値観やドイツの首都という立ち位置や評価からも、ベルリンはお構いなしに自由だ。ドイツの首都だと言って、威厳を振りかざす人など皆無だ。

フランクフルトやミュンヘンからは、ベルリンは「ドイツではなく別の都市」だとささやかれ、南ドイツに根を張るドイツ基幹産業の自動車業界からは、「あの田舎街」とも揶揄される。人にはいろいろな価値観がある。ベルリンは一世紀前、欧州の中心的な文化首都だった。そして今、ここベルリンは、世界で最も先進の街だと言い切れる。この街がなぜ世界の人々を魅了するのか？　そもそも僕は、ベルリンの「何」に魅了されたのか？　まずはベルリンの歴史の中に分け入ってみよう。

ベルリンの「壁」と起動（スタートアップ）

現在のベルリンを象徴する都市開発の場となったシュプレー河畔は、ベルリンの原点でもある。ベルリン市の始まりは一三世紀に遡る。ベルリンは一二三七年一〇月二八日、シュプレー川を隔てたアルト＝ベルリンとケルンというふたつの街の合流から生まれた。その街の中心部は半径四キロほどの規模だった。現在のベルリン王宮や美術館が集中する通称「博物館島」（シュプレー川の中洲）がケルン、その右岸がベルリンだった。この街の合流の記憶は、それから七五二年後、シュプレー川で分断され、壁で仕切られていた東西ベルリンの統合へと受け継がれることになる。

冷戦時代のイデオロギーの「壁」を取り壊し、ベルリンがひとつの都市として再生していく道のりには、いくつもの歴史が畳み込まれていた。ベルリンを訪れる人々は、何より最初に「壁」を身近に見て触れようとする。実際、僕もそうだった。一九九〇年の壁崩壊直後に初めてベルリンを訪れた時、最初に触れたのが「壁」だった。ポツダム広場に残る壁やイーストサイドギャラリーだろうと、ここを訪れる人々はコンクリートの壁との対面を強く希望する。戦後の混乱期に突如出現した東西分断の壁によって、二八年もの間、西ベルリンは東ドイツに囲まれた孤島となり、東ベルリン市民は西の孤島の中に自由を追い求めた。「壁」はベルリンにとって、そして来訪者にとってどんな意味を持っているのか？

もし「ベルリンの壁」がなかったら、この街はどうなっていただろうか？　愚問であると知りつつも、壁が人々から奪ったものと、壁から与えられたものを僕らは探している。「壁」の時代の不幸を乗り越える試練の壁が与えられた。その記憶こそ、ベルリンの比類なき財産でもある。

二〇一五年以降、世界中で最も多くの起業家が集まり、多彩な個の経済活動が展開されているスタートアップ都市ベルリン。世界の投資家を唸らせ、今やロンドンを抜いてヨーロッパ最大の投資額を集めるまでになった。第二次世界大戦直後、一面瓦礫の山だったベルリンは、東西に分断され、壁崩壊直後も廃墟の街だった。壁の時代が生み落した荒廃から、今のベルリンの基礎が築かれた。ベルリンの壁は、僕らがベルリンに魅了されるいくつもの理由の中で、実はもっとも強力な磁石の役割を演じている。ベルリンの魅力とは、この「壁」にこそある。ベルリンの歴史の中で「壁」とは一体何だったのか？

中世末期の双子の街アルト＝ベルリンとケルンは、辺境伯の統治下でシュプレー川沿いに市場を開く権利を与えられ、経済の発展をともに体験する。ベルリンの中心を東西に横切るシュプレー川の水運が、中世以来のベルリンの交易拠点だった。双子の街ベルリンとケルンでは、ヨーロッパ東北地域の水路・陸路の要として、塩、穀物、バルト海のニシン、木材、果物、織物、金属製品、毛皮、そして世界各地の香辛料などが取引された。当時から、グローバルな労働市場も活況を呈していた。ベルリンの職人がイタリアで働き、フランスの職人がベルリンで働いていた。この時代のベルリンの人口構成は外国人が大半で、彼らが住み、働く街だった。

二〇世紀初頭、ベルリンは人文科学、音楽、博物館、大学、政治、外交、軍事、製造業分野における指導的役割で知られる主要な世界都市になっていた。しかし第二次世界大戦の間、爆撃、砲撃、激しい市街戦による戦闘によって都市はことごとく破壊された。二八年間続いた東西ベルリンの壁の時代によって分裂した街は、世界のリーダーシップの役割も失っていた。

ベルリン復興

一九九〇年の東西ドイツ統一で、ベルリンはドイツの首都として、そして世界の主要都市として復活していくことになる。一九九〇年九月、ドイツ連邦共和国（BRD）とドイツ民主共和国（DDR）、ソ連、フランス、英国、米国がモスクワで会談し、戦後の占領地帯を終結させ、ドイツ統一の道を切り開いた。一カ月後、東ドイツは解散した。

一九九〇年当時、街のあらゆる場所が荒廃していた。現在のミッテやプレンツラウアー・ベルクからは想像できないが、かつて一九二〇年代に栄華を誇ったこの中心部は、一面の廃墟だった。中世のベルリンとケルンの人々のように、二〇世紀最後の東西ベルリナーは、新たな希望に満ちていた。ベルリンの統一以来、狂気を秘めたスピードで建設された建築群がミッテ地区のほとんどを活性化させ、灰色一色の荒廃から「都心」という名を取り戻した。

一九二〇年代に隆盛したカフェ文化のように、文化的で芸術的な活気もやがて復活し、ベルリンは政治的な立ち位置からヨーロッパ首都の重要な存在に変わった。これまで以上に洗練されたインターナショナルな雰囲気が広がり、創造的なエネルギー、都市建設、近代化の兆しに満ちていた。そして何より、ベルリンを復興させたのは二〇世紀末の「天使」だった。一九九〇年以降、アーティストやハッカー、DJ、そして起業家という名の「天使」たちが次々にこの地に舞い降り、東西ベルリンはともに復興を目指すことになる。この時、ベルリンという都市の前例のないスタートアップが始まった。

2　ベルリンの水路と「都市壁」

ベルリン・ストーリー

僕を含めて、多くの人々がベルリンに魅せられる理由は他にもある。ベルリンは外国人に優しく文化の多様性を認め合い、何より生活コストも安く住みやすい街だ。しかしそれだけの理由で人々はこの街に魅了されている訳ではない。この街は、かつて新たな時代を創造し、ひとときの快楽に酔いしれ、正気さえ失い、ヒトラーと第三帝国を生み出し、世界を震撼させ、自ら崩壊した痛みの記憶を背負っている都市だ。

痛みの記憶は、全ての他者に優しさを与える。そしてベルリンは、重い歴史の刻印や贖罪を背負いながらも、希望に満ちた再生を今なお起動（スタートアップ）させている都市である。ベルリンの壁崩壊後三〇年になろうとする今、ベルリンは比類のない都市の記憶の上に、今も新たな希望を求め続けている。この都市そのものの動きをスタートアップと呼び、ここに集まる多彩な起業家が奏でる現代のスタートアップ（起業）の変奏に耳を傾ければ、この街の深い鼓動が聞こえてくる。

都市壁の遺跡

ベルリンを東西に横切るシュプレー川の中心にかかるヤノヴィッツ橋とアン・デア・シリング橋に挟まれた河畔、わずか一キロほどがホルツマルクト（木材市場）通りである。今となってはかつての木材市場の面影は想像する以外にないが、この場所は中世以来、ベルリンの都市発展を支えた場所のひとつだった。ナポレオンによるベルリン占領と民主化の証人だったベルリン最古のレストランもこの地区にあり、そこには中世の時代の「都市壁」が一部残っている。シュプレー川は中世から現代にいたるまで、ベルリンの要となってきた水路だ。今でもシュプレー川沿いにベルリンのさまざまなトレンドが集中している。そして、中世の壁から二〇世紀の壁まで、さらに壁崩壊後のベルリンのルネサンスに連なるストーリーもそこに隠れている。

シュプレー川沿いに残るイーストサイドギャラリー。ここには全長一・三キロにわたり東西ベルリンを分断した壁が残されている場所だ。世界中のアーティストが残された壁にペイントし、さまざまなメッセージを描いてきた。しかし、ベルリンの壁はこれだけではなく、その目的は異なるが、中世の時代から頻繁に築かれていた。おそらく、ベルリンとケルンという中世の双子都市の最も重要な目撃者は、ベルリン地方裁判所、福音教会、そして歴史的レストラン「ツア・レッツテン・インスタンツ」の周囲に残る一三世紀の都市壁の遺跡である。

建築材料としての都市壁

ヤノヴィッツ橋の北西、リッテン通りを歩くと、レンガでできた赤褐色の壁が、何世紀にも渡って追加され、復元された跡を見ることができる。かつて二・五キロメートルはあったこの地区の都市壁は、現在、約一二〇メートルの距離に断片的に残っている。一九四八年にこの辺りの家が取り壊された時に、部分的に家の背後の建築材料として使用されていたことも明らかになった。歴史的な壁は新たな環境のためのリサイクルの材料となっていた。都市壁は新たな時代の建築材料として用いられ、廃墟が新たな街の再生に寄与していたのだ。

現存するベルリン最古のレストランといわれる「ツア・レッツテン・インスタンツ」は、一六二一年の創業で、このレストランの裏の外壁には中世時代の都市壁がそのまま使われていた。〝Zur letzten Instanz〟を直訳すれば「最後の審判」である。なぜこの名前がつけられたのか?

近くにあった裁判所に由来していて、裁判に関わる人々がこのレストラン(居酒屋)を訪れていたからという説はいささか単調である。法廷で争うことになった二人の農夫が、複雑な手続きや長引く裁判の行方を憂慮していた。二人はこの居酒屋で一杯のビールを酌み交わす。美味しい食事は互いの平和を導き、それを「最後の審判」としたという伝説もある。いずれにしても、ベルリンで有名な観光スポットで、料理も美味しいことから、このレストランを訪れる人々は多い。典型的なドイツ料理とビールを楽しむ時に、このレストランの背後にある中世の都市壁を観察してみよう。この場所こそ、ベルリン市の起源に最も近い場所なのだ。

都市壁から税関壁へ

もともと都市の境界になぜ壁が作られたのか？　それは戦争、疫病や自然の脅威からコミュニティを守る必要からだった。コミュニティの内と外を区切る境界の壁は、レンガを積み上げて都市の境界を示す実用的なもので、それは市民の安心の拠り所でもあった。壁によって人々は外敵から守られていると感じた。二〇世紀にできた東西ベルリンの壁には、冷戦を象徴する「鉄のカーテン」というイデオロギーが、コンクリートと鉄柱に注入された。それは心の拠り所とは無縁な、恐怖を抱えた壁だったのである。

一八世紀、中世の都市壁はベルリンの都市の境界を示す役目を終えていた。都市が拡大し、都市壁の境界を頻繁に拡張しなければならなかったからだ。そのうち都市壁は、都市に出入りする商人が持

3-4
Ebenenplan
Ausgang
Exit / Sortie
Lounge

ち込む商品に関税を課す「税関の壁」として機能する。成長する都市には交易による平和が生まれ、新たな「門」が建設された。ベルリンの駅や広場の多くに、ハレシェス・トーアやシュレジッシェス・トーアなどの名前で〝トーア〟（門）という言葉が使われている。これらの名前は、もともと駅の近くにあった旧市街の門が、税関の壁として機能していたからだった。

二〇世紀の東西ベルリンの壁には一二カ所の国境検問所があった。西ベルリンから東ベルリンに入る限られた人たちの検問所で、なかでもチェックポイントチャーリーは今ではベルリンの観光名所となっている。検問所と交易を促進する税関の門とでは大きく異なる。中世の壁はいつしか門になり、交易の促進拠点となっていった。中世ベルリンの壁は、二〇世紀の堅牢な冷戦時代のイデオロギーの産物とはかけ離れた市民の保護と柔軟な交易のための壁だったのである。

3 イデオロギーの壁との戦い

瓦礫の山からの再生

第二次世界大戦によって、ユダヤ人虐殺という未曾有の悲劇が生まれたが、ベルリンとドイツ国民も大きな犠牲を払った。民間人が爆撃を受けていたからだ。ベルリン全地域は、建物の半分以上が破壊され、その三分の一以上は瓦礫に覆われていた。少なくとも一二五，〇〇〇人のベルリン人が命を失った。約一〇〇万人の女性と子供が避難したが、一九三九年に四三〇万人いた人口は、一九四五年五月には二四〇万人しか残らなかった。そのうち三分の二は女性だった。彼らは「瓦礫の女性」を意味するトリュンマー・フラウエンという名前を授けられ、荒廃した都市ベルリンの初期の都市浄化の大部分を担うようになった。その後数年間、グリューネヴァルトにトイフェルスベルク（Teufelsberg＝悪魔の山）のような人工の山ができるほど、戦後の瓦礫が積み上げられていった。

一九四五年五月一四日、Uバーンの運行が再開され、五月一五日に新聞の印刷機がふたたび動き始め、ベルリン・フィルハーモニーが五月二六日に戦後初めてのコンサートを行った。

ベルリン分割

一九四五年二月のヤルタ会談での合意に沿って、ドイツは四つのゾーンに分かれ、ベルリンは二〇の行政区域に分割された。英国はシャルロッテンブルク、ティアーガルテン、シュパンダウを統治した。フランスはウェディングとライニッケンドルフを得た。アメリカはツェーレンドルフ、シュテーグリッツ、ヴィルマースドルフ、テンペルホーフ、クロイツベルク、ノイケルンを管轄していたが、後に西ベルリンを結成した。一方、ソ連はミッテ、プレンツラウアー・ベルク、フリードリッヒスハイン、トレプトウ、ケーペニックを含む東方の八つの地区を管轄した。それが将来の東ベルリンだった。ソ連はベルリン周辺のゾーンを占領し、西ベルリンはソ連支配下の領土によって完全に囲まれたままになった。周囲を東ドイツに囲まれた〝陸の孤島〟が生まれた。

壁が立ち上がる

東ドイツ政府がますます政治的な圧迫を続けるにつれ、西側への難民の流れが相次いでいた。結局、高等教育を受けた大部分の若者たちの離脱は、「彼らを守るために壁を築く」という理由付けとともに東ドイツ経済を緊張させた。冷戦の最も大きなシンボルとなったベルリンの壁の建設は、一九六一年八月一三日に突如開始された。東ドイツが東西ベルリン間の通行を全て遮断し、西ベルリンの周囲を有刺鉄線で隔離して、後にコンクリートの壁を作った。西ベルリンを東ドイツから隔離して西ベルリンを封鎖する壁であったが、実質的には東ドイツを外界から遮断し自国の市民ではなく「体制」を守る壁が「ベルリンの壁」だった。東西ドイツの国境が露わとなり、ベルリン市民は鉄の壁で隔離された。壁の総延長は一五五キロメートルになった。

この隠密な行為はベルリンの人々を驚かせた。西側連合国からの正式な抗議が起こったが、西ベルリンでの大規模なデモは無視された。米国とソ連の戦車がチェックポイントチャーリーで対峙したため、緊張は一〇月二五日に頂点に達した。その後、ベルリンの壁は無数の脱出の試みになった。一九八九年一一月九日に壁が崩壊するまでに、脱出を試みた約二〇〇人が殺されていた。

4 トンネル57とトーキョー

壁を超える人々

壁の建設は、世界中の東西関係において新たな混迷を告げるものだった。緊張した時が続いた。一九六三年六月二六日、米国のジョン・F・ケネディ大統領が西ベルリンのシェーネベルク市庁舎で有名な演説を行った。「Ich bin ein Berliner（私は一人のベルリン市民である）」と結んだ演説で、ケネディは東ドイツの圧力に屈することのない西ベルリンの自主的姿勢を称賛し、冷戦の最前線に立つベルリンとの一体感を表明した。

一九六四年一〇月一〇日、東京オリンピック開会式。当時分断されていた東西ドイツは、ベートーベンの「交響曲第九」を国歌とし、ひとつのチームとして東京の国立競技場に参列した。アジアで初となるオリンピック開催に、「ドイツ統一」チームがいた。この東西ドイツの団結は、冷戦の地政的な現実からすれば奇跡のような出来事だった。

当時、「鉄のカーテン」は冷戦時代の哲学的なメタファーだったが、東西ベルリンを分断したベルリンの壁は現実にある大きな障壁だった。一九六一年から一九八九年まで、壁によって分断された東西ベルリンでは、約五,〇〇〇人の人々が、気球、綱渡り、地下トンネルなどのさまざまな方法と決死の覚悟で脱出を試みた。ベルリンの壁が東西ドイツの人々を隔てた二八年の間に、地下トンネルから西ドイツに脱出できたのは約三〇〇人だった。

僕のオフィスがあるFactoryのすぐ側に、ベルナウワー通りがある。ここは東西ベルリンを隔てた壁があった場所で、数年前から「ベルリン・ウォール・メモリアル」が大規模に整備され、ベルリンの歴史的な記憶の場として、ベルリン市民のみならず世界各地からの観光客を迎えている。この場所は、壁の時代に脱出用の地下トンネルが数多く掘られた場所だった。

ヨアヒム・ノイマンという東ベルリンで土木工学を学ぶ学生は、壁が出現した一九六一年、スイスの学生から借りたパスポートを使い、西ベルリンに逃れた。ノイマンは、西ベルリンのベルリン自由大学に通いながら、東ベルリンに残した家族や親戚への強い思いにかられた。ノイマンの最初のプロジェクトは一九六二年、三〇人を超える学生チームを結成してトンネルを掘り、九月一四日と一五日の二日間に二九人を脱出させる計画だった。ノイマンには東ベルリンにガールフレンドがいた。トンネル29は、ガールフレンドを自由にするための計画だったが、残念ながら東ドイツの秘密警察が進行中のトンネルの存在を発見したため、この試みは失敗に終わった。逮捕された一人はノイマンのガールフレンド、クリスティーナ・グラーレで、彼女は八カ月間拘留されてから二年の刑を宣告された。

パスワードは「トーキョー」

ノイマンは、西ベルリン側からのトンネル・プロジェクトに引き続き取り組むことになる。一九六四年、ノイマンを中心とする数十人の西ドイツの大学生たちは、放棄されたパン屋の地下から、東ベルリン側に向け丸五カ月間、一四五メートルのトンネルを掘り続けた。その作業は過酷を極め、トンネル内の薄い空気を補填するのは壊れかけた掃除機だった。ノイマンはガールフレンドからの連絡を受け取った。彼女は刑務所から早期に解放され、東ベルリンに戻ったと連絡してきた。

ノイマンは急いでベルナウワー通りに駆けつけた。東ベルリン側から逃れてくる人々を迎えるのが彼の仕事だった。一九六四年一〇月三日土曜日、東ベルリンの親戚や友人たちに、彼は西ベルリンの救援者と出会うための指示を送った。深夜の地下脱出のパスワードは「トーキョー」だった。この言葉を囁いた後、東ベルリンの人々はトンネルに入った。ノイマンのガールフレンドは、脱出を成功させた五七人のうちの一人だった。彼女もこのトンネルから脱出することができた。一〇月三日には二八人が、翌日の日曜日には二九人が西ベルリンに逃れた。内訳は男性二三人、女性三一人、子どもは三人だった。

大きなリスクにもかかわらず、「トンネル57」は一九六一年の夏に「赤い壁」が建てられて以来、ベルリンの壁の歴史において最も成功したトンネル脱出だった。それは、一九六四年の東京オリンピック大会開幕の五日前のことだった。一九六四年一〇月一〇日、快晴。この時だけ実現した東西ドイツの混合選手たちが、東京・代々木の国立競技場に入場行進する。彼らは五日前に起きた大きなトンネル脱出に何を想ったのだろうか？　少なくともヨアヒム・ノイマンと彼の将来の妻クリスティーナにとっての「トーキョー」は、トンネルの先にある大きな希望だった。

ノイマンと一緒にトンネルを掘った当時二四歳の物理学者ラインハルト・フラーは、一九八五年、NASAのスペースシャトル・チャレンジャーの最後のミッションに参加した西ドイツの宇宙飛行士となった。壁崩壊後、ノイマンは今もトンネル57の証言を若い世代に伝えている。

5　『ベルリン・天使の詩』の意味

映画は壁を壊したか？

ベルリンの壁をテーマにした文学や映画は多い。特に映画では、フロリアン・ヘンケル・フォン・ドナースマルクの『善き人のためのソナタ』、ヴォルフガング・ベッカーの『グッバイ、レーニン！』、最近ではスティーヴン・スピルバーグの『ブリッジ・オブ・スパイ』などが知られている。

ベルリンの壁崩壊に一片の映画がどれだけの影響を与えたのか？　それを正確に立証することはできないが、一九八七年、ヴィム・ヴェンダースの映画『ベルリン・天使の詩』は、壁の崩壊が予測され始めた年にベルリンで公開された。この映画に込められていたのは、壁を取り壊すのは私たち一人ひとりの責務であり、決意を込めた行動であるというメッセージだった。それが、どれだけ当時の人々の実際の行動に結びついたかは不明である。しかし、壁が崩壊に向かうだろうという時代の予感の只中でこの映画は公開された。

映画に描かれた「天使」は、人間の日々の小さな営みを記憶し続け、時に人間の弱さや悲しみにただ寄り添うだけの存在だ。サーカスの空中ブランコの舞姫マリオンに恋した天使ダミエルは、天使の永遠の命よりも限られた生を全うする人間であることを選ぶ。天使が感じる世界は人間の感覚とは違う。世界の色もマリオンの匂いもコーヒーの味も、天使にはわからない。ダミエルは人間に「堕ちる」ことで人間を知る。人間を救おうとしても、ベルリンという街はあまりにも罪深いがゆえに天使は傍観者でしかなかった。ならば人間となってその罪深さや慈悲までを背負い、生きる全ての喜びや悲しみをかけて現実と向かい合う。そんな天使の切ない存在感は、人間の営みそのものの写像だった。

ベルリンの天使は、どこの天使より罪深い人間たちと向かい合っている。大規模な虐殺と戦争による市民の死、瓦礫の山からの復興は東西ベルリンに分断された冷戦の壁に引き継がれてきた。壁を終わらせる以外に、ベルリンの再生はない。瓦礫の山をひとつひとつ取り払い、この街の再生に助力しようとも、街の人々にその強い意思がなければ、ここは廃墟のままである。

「乗船完了！」の意味

ベルリンの瓦礫の山をどうするのか？　映画は観客にベルリンへの強い意思を促し、最後に「乗船完了！」と締めくくる。ベルリンの壁を取り払うための「意思の船」に世界中の観客が乗り込んだ瞬間だった。

この映画の天使たちを現代のベルリンと重ねれば、それは一九九〇年初頭にベルリンに降り立ったアーティストであり、ハッカーであり、DJであり、そして今は起業家たちの存在である。彼らはベルリンに降り立つことで、自らの野生や自然の意味を知る。それは一九九〇年にベルリンで開花したヒッピー文化の延長であり、瓦礫を再利用してスクウォッターしたアーティストやDJたちがめざしたユートピアでもあった。

『ベルリン・天使の詩』に登場するもう一人の重要人物がホメロスと呼ぶ老人である。彼はベルリン生まれの思想家ヴァルター・ベンヤミンの写像であり、この映画の根底に息づく「歴史の天使」の語り部である。ベンヤミンは一九世紀後半のベルリンの裕福なユダヤ人家庭に生まれ、幸福な少年時代を送る。エッセイのかたちを採った自由闊達なエスプリ、文化史、精神史に精通した思索家として、二〇世紀の都市と人々の有り様を分析したことで有名である。

「アウラ」という権威を壊す

ベンヤミンは、写真や複製技術時代の芸術作品においては「アウラ」が凋落することを指摘した人物である。アウラとは、「エロス的な欲情を喚起するような対象が発しているもの」、「芸術文化に抱く共同幻想」、「同一の時空間上に存在する主体と客体の相互作用により、相互に生じる変化、及び相互に宿るその時間的全蓄積」など、さまざまな概念が提起された。つまり写真や映画などの複製技術によってあらゆる現実が複製され、どこにいてもその現実を享受できる時代では、本来の芸術作品に宿るアウラは萎縮し、同時に芸術の権威や威信も縮小する。これをベンヤミンは歓迎すべき現象と捉えていた。

ベンヤミンによれば、写真や映画といった複製芸術の誕生以前は、芸術作品は権威の時代を謳歌していた。世界にひとつだけ存在するオリジナルは、それが存在する時間と空間に結びついた一回性によって権威が保障されてきた。しかし、機械的複製がオリジナルを質的（複製の過程で生まれる別の特質）にも量的（複製を数多く出現させる）においても超越し、複製品がさまざまな場所に置かれるようになると、オリジナルに備わっていた一回性が相対的に弱まる。

新たな複製技術は、オリジナルが懸命に維持してきた伝統を剥ぎ取り、アウラの凋落が起こるとベンヤミンは指摘した。彼は「アウラの凋落」によって引き起こされる芸術作品の権威の凋落を歓迎し、より多くの人々に鑑賞と表現の機会を与える映画をはじめとする非アウラ的芸術に大衆参加の可能性を見出していた。これには当然、偶像的な権威崇拝やファシズムの台頭への批判が込められていた。

芸術の一回性が持つ権威に圧倒されてきた僕らは、複製技術によってその権威の幻想や洗脳を知り、権威から解放され、自らの表現やその可能性に辿り着く。これはイデオロギーの強固な権威の象徴となった壁が、人々の意識の団結によって簡単に剥ぎ取られる可能性を導き、まさにアウラの凋落を具体的に予見させるものだった。もし全てのベルリン市民が、壁に向かってハンマーを打ち下ろしたら、たとえシュタージといえども全ての市民を撃ち殺すことはできない。アウラという共同幻想の凋落は、市民の団結によって可能となる。だからナチスは執拗にベンヤミンを追い、フランス亡命中のベンヤミンを探索し、ベンヤミンのスペイン亡命を阻んだ。

クレーの「天使」

ベンヤミンはナチスの追っ手から逃亡中の一九四〇年、ピレネーの山中で服毒自殺を遂げたとされてきた。しかし近年、ベンヤミンの暗殺説もあらわれ、いまだ真相は不明である。ヴァルター・ベンヤミンの『歴史哲学テーゼ』で語られる「歴史の天使」論は、画家パウル・クレーの描いた『新しい天使』に触発されたものだ。ベンヤミンはその死の直前まで、この絵を携行していたとされる。クレーが描いた天使は、ベンヤミンには次のような存在に見えた。天使は人間が作った瓦礫の山の惨状を見て、何とか瓦礫を拾い上げようとする。しかし強風が吹いて、天使は吹き飛ばされそうである。それは時代の「進歩」という強風だった。

これこそ、ベンヤミンがクレーの絵画から触発された歴史の天使像であり、ヴェンダースが描いた天使でもあった。無力な天使にできることは、歴史を語り事象の記憶を喪失させないことだ。ベンヤミンの死と同じ年、パウル・クレーも亡命中のスイスで亡くなっていた。

6 スクウォッター、クラブ、アートスペース、コワーキングスペース

シュプレー、水路の街ベルリン

海のないベルリンには、川、湖、運河の広範なネットワークがあり、バルト海、北海、ライン川につながっている。一年を通じて乾燥した気候と「乾いた沼」という意味を持つベルリンには、実はさまざまな水路のネットワークが存在していて、地元に身近なアクセスを提供している。水路には、商業用交通機関、ツアーボート、フェリー、多彩なレジャーボートが混在しており、特に夏場はベルリン市民の憩いの場であり、観光の主要なルートにもなっている。

ベルリンの歴史、特に過去二〇年間の都市景観の変化を示す地域は、シュプレー川の両岸に集中している。工業遺跡は、広大な野生の空間とガラスのオフィスビルの間に点在し、東西分断の壁が残るエリアは、歴史の訪問者を誘い、近代的な住宅開発とロフト・アパートへのアートワークの一部に組み込まれている。ヤノヴィッツ橋を東から西に回遊するツアーボートで川沿いを滑り、水面から見る

河畔には異なる都市開発の軌跡がはっきりと見えてくる。

ベルリンに魅了され、この街で住み、仕事を見つけようとする人々が増え続けている。もちろん、この街で起業し、大きな成功を夢見る若者たちも多い。後の章でベルリンのスタートアップ環境を詳述するが、まずこの街に住むということの原点から触れてみたい。

シュプレー河畔の住まい

ベルリンの街並みや多彩な住居空間にどんな魅力があるのか？ この街に暮せば、水路の多さとその周辺の住宅街の居心地の良さに感動する。築一〇〇年の古いアパート群は、新築のアパートよりも価値ある物件だ。二メートルを超える高い天井、通りを見下ろせるバルコニー、周囲は大きな樹木に囲まれている。ベルリンでは住みたい街とアパートが至る所にある。数多くの公園やコミュニティ・ガーデンは、ベルリンの夏にかかせない場所だ。特にシュプレーに沿ってどこの地区にもあるコミュニティ・ガーデンは、子どもは遊具で楽しみ、親や友人たちはビアガーデンで語り合う。夜一一時近くまで日が落ちない夏は、オープンカフェやレストランも活況となる。

とはいえ、現在のベルリンでは家賃の高騰とジェントリフィケーション（高級化）の波は日常の出来事だ。だからアパート探しは日増しに難しくなっている。最近ではリアル・エステート・テックのスタートアップも多く、複雑な賃貸契約を省略して、オンラインで賃貸物件を仲介してくれるサービスも増えてきた。家主が借り手を集めて、数々の証明書を用意させ、借り手の優劣を判断するような古い習慣から脱却し、外国人居住者を意識した、家具から光熱費、インターネットもオールインワンの不動産賃貸も数多く出回っている。

家賃が高騰を続けているとはいえ、他の大都市に比べれば、ベルリンの家賃はロンドンやパリ、ニューヨークや東京の三分の一、物価も安く生活の基盤はとても豊かだ。森の中に街が作られたのだと実感できるほど、住宅街には樹木が多い。鳥の声で目覚め、自然と調和して生きるヨーロッパの日常に触れると、この街は至福のヨーロッパを、静かに、誇らしげに語る。日曜日の朝、教会の鐘の音を聞けば、中世以来、ベルリンのコミュニティを日々守護してきた都市壁や教会の意味もすんなりと心に入り込む。

さて、ベルリンの生活を考える上で重要な事例を見ておこう。壁崩壊から三〇年近く経つ現在、ベルリンに降り立った「天使」たちによるベルリン・フロンティアの第一幕である。

メディアシュプレー計画

ベルリンのシュプレー・リバーフロントを体験するということは、コントロールとカオスの間を行き来することだ。二一世紀初頭に政府が高らかに宣言した「メディアシュプレー（Mediaiaspree）」計画は、世界の投資家を呼び込み、多国籍メディア企業やクリエイティブ産業の主要な企業を誘致することだった。シュプレー川両岸の事業面積は約一八〇ヘクタールに及び、事業主は土地所有者であるベルリン市・地区議会・商工会議所などの代表者で構成され、二〇〇一年からメディア関連産業を中心とする大型オフィス・商業施設の誘致が本格的に開始された。

一九九〇年代後半、ベルリン市は壁の時代に滞っていた都市開発の遅れを取り戻そうと躍起だった。しかし、ベルリンが世界に示す最大の先進性は、ニューヨーク、東京、上海のような高層建築群の建設ではなかった。魅力ある水辺の土地は、グローバル企業の誘致と土地の売却益を優先することよりも、市民の生活と直結している必要があった。

地元シュプレー川近辺には、旧東ドイツの火力発電所跡地を利用した世界最高峰のクラブと評価される「ベルクハイン」をはじめ、世界の若者を引きつける大小さまざまなクラブがあり、二〇〇以上のデジタル音楽系企業が集積している。ベルリンのクリエイティブ経済の活況を支えているのは、世界から集まる創造的人材の集積だ。壁の時代の産業遺産的な遊休施設を再利用することは、貴重な文化資産の活用でもあり、新たな建造物を創るよりもクラブ文化やスタートアップ企業、アーティストにとっては何より魅力的な空間だった。

二〇〇六年、メディアシュプレー計画に反対する最初の市民運動が起こった。メディアシュプレー計画の中心、フリードリヒスハイン＝クロイツベルク地区では、一六，〇〇〇人の有効署名をもとに地区選挙が実施された。その結果、新規の建設は河岸より五〇メートル以上の距離を保つこと、地上二二メートル以上の高層建築の禁止、新たな橋梁の建設禁止という議案が地区選挙八七%の投票により採択された。近隣のクラブ経営者や市民コミュニティは、河川への一般市民のアクセスを確保し、手頃な価格の住宅を維持するために戦ってきた。クロイツベルク、ミッテ、フリードリヒスハインの地域コミュニティは、ベルリンの壁によって分断されて以降、歴史の中に閉じ込められていた人々だった。

スクウォッターの文化

ベルリンの壁が崩壊すると、東ベルリンの建物の三〇%が空になっていた。一九九〇年代前半、ベルリンはスクウォッターの天国だった。ベルリンで最古のスクウォッターは今でも健在だ。一九七一年にクロイツベルクのベタニアンにあった大きな病院の看護師住居棟を無断占拠したグループがいた。何度も市当局や警察の介入で立ち退きを迫られながらも、このグループは時代を超えて生き残り、今では市当局から居住権を勝ち取った。一九七〇年代にはすでに廃墟となっていた旧病院は、現在「ベタニアン・アートセンター」となっており、ベルリンを代表する国際的なアーティスト・イン・レジデンスの拠点である。

世界中のアーティストに仕事や作業の空間を提供するベルリン市の使命も、スクウォッター文化と無縁ではない。看護師棟のスクウォッターは半世紀近くに及び、今でも四〇〜五〇人のスクワッターが生活している。スクウォッター文化の良き理解者は、申し込めば一泊六ユーロで宿泊できる。地域コミュニティとのつながりもある。ここはクラブ空間やライブ演奏を提供する文化活動の拠点ともなっており、クロイツベルクのアンダーグラウンド文化拠点のひとつとなっている。

一九九〇年、あらゆる場所に廃墟や空き家があった。ベルリンにいち早く来たアーティストたちは、まずアトリエや住居を確保した。安価な家賃で広大なロフトを手に入れたアーティストもいた。電気や水道といった、人が住める最低のインフラ整備にベルリン市も乗り出し、街の混沌は徐々に安定していく。クラブのDJやオーナーたちは、ベルリンの中心部に残る旧発電所や二〇世紀の工業遺跡を見て回った。現在ベルリンを代表するベルクハインやトレゾアといったクラブが生まれた背景には、一九七〇年代前半期からのスクウォッター文化の影響が息づいていた。

テクノの倉庫

放棄されたスペース、空の倉庫、地下のバンカーは、大規模なエレクトロニック・ダンスパーティーに最適な空間だった。テクノがベルリンと同じくらい繁栄している都市は他にはない。ベルリンのテクノは廃墟から起こった。E-ヴェルクは空の電気工場だった。トレゾアは昔の銀行の地下金庫で始まり、プラネットは空の倉庫だった。

DJたちは、以前であれば刑務所行きの可能性がある場所に侵入し、銃で撃たれる可能性のある場所で音楽を作り上げる自由を享受した。ベルリンの壁に覆われた「暗い」クラブが、テクノを「ファンタジー・ベースの電子音」から、スピードと磨耗性をより強くしたサウンドに変えた。地元のDJたちは、よりハードな音を求めるようになり、「リアリティベース」のサウンドは、より「過激」になった。

地下のクラブ、初期のトレゾアには一〇〇センチメートルのコンクリート壁があった。創業者のディミトリ・ヘグマンはその役割を語る。

「音は本当に強く深かった。部屋は大きすぎず、天井もあまり高くないので、音波が歪む時間がなかった。それはクリアに聞こえたが、全てがアナログだった。他のクラブのオーナーは、同じようなサウンドシステムのチェックを開始し始めた」

冷戦時代のベルリンの大型倉庫は、アーティストやミュージシャンがスタジオに転用するためのスペースにもなった。一九七六年から一九七八年まで、デヴィッド・ボウイは西ベルリンのショーネベルクに住んでいた。ブライアン・イーノと共同して録音された彼のベルリン三部作『ロウ』『英雄夢語り（ヒーローズ）』『ロジャー（間借人）』の多くは、西ベルリンのクロイツベルク地区のハンザ・スタジオで完成した。なかでもボウイ一一枚目のアルバムとなった『英雄夢語り（ヒーローズ）』は、日本の写真家でボウイを長らく撮り続けてきた鋤田正義のジャケット写真で有名である。

二〇一七年五月、僕はボウイゆかりのベルリン・クロイツベルクで鋤田さんとお会いした。鋤田さんはベルリンでボウイの写真展を開催され、オープニングのためにベルリンを訪れていた。ランチをご一緒し、現在のクロイツベルクのホットスポットを案内しながら、鋤田さんとボウイとの思い出をいくつかお聞きした。ハンザ・スタジオの話には及ばなかったが、あの時代のボウイと深く関わっていた日本人がいたことに改めて感動した。

ハンザはベルリンの壁から少し離れた場所にあり、砲弾の爆発によってできた空洞がいくつもあって、ほとんどの窓は頑丈な煉瓦で作られていた。録音のコントロールルームからは、ボウイとそのプロデューサー、トニー・ビスコンティが、双眼鏡を眺めては、銃の砲台があるレッドガードの壁を見ることができた。

東ドイツの中に置き去りにされた西ベルリンは、ボウイにとって、「都市の芸術と文化から切り離された世界、報復の望みのない死」だった。ビスコンティは二〇一五年にハンザを再訪したとき、彼はかつての録音でベルリンがどのような音に聞こえたのかを映像インタビューで説明している。

「危険が音を作り出した」と彼は言った。「ここに来るとき、私たちは何をしているのかを理解していた。ミュージシャンの音を録音するとき、我々は音楽をレコーディングするだけでなく、環境をレコーディングしているのだ。ベルリンは完璧な場所だった」

現在のハンザ・スタジオでは「ボウイ・ツアー」を用意していて、ファンのためのスタジオ・ツアーやボウイが住んでいたアパートをはじめ、ボウイゆかりのベルリンを案内してくれる。

廃墟からの出発――スタートアップ文化

九〇年代前半のベルリンでは、空の建物や空き地が次々に「再発見」された。その発見と利用は、アーティスト、ハッカー、DJによるベルリン再生を加速させた。これは現在のベルリンの多彩な魅力の源流となる文化景観であり、世界一のスタートアップ・イノベーションを生み出す土壌となってきた。

ベルリンのコワーキングスペースの原点は、一九九〇年代後半、世界的なハッカー組織「カオス・コンピュータ・クラブ」がベルリンに設置したC-baseだ。ミッテのカフェ「サンクト・オーバーホルツ」も、デジタル・ボヘミアンのたまり場からスタートアップ文化の発祥地と評価されてきた。しかしその一〇年以上も前から、C-baseはベルリンのホットスポットだった。

ヤノヴィッツ橋のシュプレー河畔に位置するC-baseは、今でも世界中のハッカーが訪れる聖地である。古代の地球に不時着した宇宙船の残骸がベルリンで見つかり、そこに誰もが参加できる共有の場ができたという架空の物語を持つC-baseは、スクワッター文化とハッカー文化が合流した最初の空間だった。そこは、ベルリンで最初にフリーWi-Fiが設置された場所でもあった。

一方、ドイツ政府は旧東ベルリンに位置していたベルリン本来の中心市街地の復興を急いだ。それはポツダム広場をはじめ、ミッテ地区の旧行政府やプレンツラウアー・ベルク地区の大規模な「修復」だった。プレンツラウアー・ベルクには、メンテナンスもなく放置されていた二〇世紀初頭に建てられた奢侈なアパートが多くあった。その大規模なリノベーションを始め、ポツダム広場をベルリンの経済センターに再生するための新たなショッピングモールや複合映画館、そして企業のオフィス群の建設がラッシュとなった。そうしたベルリンの首都計画が実現して間もなく、ベルリンに一度は集結した世界の企業群は、経済危機などを理由に次々とベルリンから撤退し、ベルリンが世界の経済センターとなる夢は徐々に縮小していった。

二一世紀の最初の一〇年間、ベルリンのオストバンホフ駅とシュプレー川周辺の産業荒廃地帯は、ドイツの首都がロンドンとニューヨークに追いつくことを示す巨大な都市再生プロジェクトに指定された。かつて共産主義と資本主義の双方から影響を受けたこの地区の新たな分裂を示したのは、東西ベルリンを分けた流れのある川ではなく、豪華なアパート、ホテル、高さ八〇メートルの光沢のあるガラス製の高層ブロックの景観だった。

ベルリン市民の目の前にそびえ立ったのは、かつて東西を分断したイデオロギーの「壁」のような異物だった。意図不明な、ただ斬新さと豪華さを競い合う建造物の群れは、光沢を放つ外観の内側で、とっくに疲弊している資本主義の古いドグマを映し出す、冷たいモニュメントだった。

2章 現代のヒッピー資本主義

1 生活改善運動とヒッピー文化
2 ヒッピー資本主義
3 ベルリンの生活革命——ホルツマルクトの実験
4 スタートアップの新たな拠点エックヴェルク
5 ベルリン最古のクリスマスマーケットと贈与経済

1 生活改善運動とヒッピー文化

ヒッピー文化の成功

シュプレー両岸にそびえる豪華な建築群とは対照的に、ホルツマルクトの周囲には、いくつもヒッピー・ビレッジやハッカーの拠点が息づいている。アフリカ系の移民が開いたYAAM（Young African Art Market）や、その対岸には、スクウォット&ヒッピー・ビレッジの拠点である非営利文化組織Teepee Land、ハッカーたちのサロンC-baseもある。夏のホルツマルクト周辺に迷い込むと、ここはいつの時代の何処なのか？　一瞬、タイムスリップしたように、ベルリンの都心部とのギャップに我を忘れてしまう。

それぞれの河畔は、夏の間「ビーチ」になる。多くの市民が日光浴に浸り、ビールを片手にくつろいでいる。ここがベルリンの本当の姿ではないか？　そんな思いにかられながら、僕らはまた、鉄骨とガラスのビル群に戻っていく。ホルツマルクト周辺は、都会のオアシスという娯楽空間であるばかりか、そこには実際、多くのヒッピーたちが暮らしている。

ベルリンのソーシャル・イノベーションやスタートアップを支える環境には、壁崩壊後のスクウォット文化やクラブ文化からの影響が息づいてきた。そして都市農園やエコビレッジに至る、そのさらに奥なる源流には一九六〇年代のヒッピー文化や対抗文化が色濃く反映されてきた。

二〇世紀初頭、工業化に邁進したことで失った人間性と自然との関係回復への衝動は、ドイツとスイスを中心に「生活改善運動」(Lebensreform)として結実し、ナチスドイツの台頭で亡命を余儀なくされた当時の代表的知識人や芸術家が、後のヒッピー文化の種をアメリカ西海岸に蒔いた。それが時代を一巡して、ベルリンに戻ってきた。それこそが、ベルリンのビーガン(完全菜食主義)運動やシェア経済を支える文化的な遺伝子なのかもしれない。

一九六〇年代と七〇年代初期に世界を席巻したヒッピー運動やカウンターカルチャー(対抗文化)は、現代においてどう生き続けているのか? 見渡せばヒッピーたちが暮らすコミューンは今も世界各地に数多くある。むしろその地域と数は増大している。欧州でも北欧からスペイン、フランス、イタリア、ギリシアの島などに、知られたヒッピービレッジが点在しており、その数は二〇以上ある。ヒッピーファッションもドレッドヘアもタトゥーも健在だ。実はベルリンは、ビーガンやネオ・ヒッピーの新たな聖地ともいえる場所である。

一九七〇年代のカウンターカルチャーの代表的な人物はスティーブ・ジョブズだった。ジョブズは個人が権力に対抗する手段として、パーソナル・コンピュータ革命を提唱した。インターネットに繋がったパソコンとスマートフォンは、今では経済・政治を動かすインフラでもある。ジョブズが創業したアップルは、二〇一一年に株式時価総額で世界一の企業になり、ここ欧州ではアイルランドでの租税回避問題が大きな話題となった。アップルは今でも対抗文化の遺伝子を持つ企業なのか、それともかつてジョブズが仮想敵とした当時のＩＢＭのように、世界を思うままに支配するＩＴ巨人、ビッグ・ブラザーとなったのか？　これは難しい質問かもしれない。

資本主義の中で、個人が世界を変えることができることを示した「ユートピアのための闘争」は、実は歴史的な成功をすでに収めている。アップルのパーソナル・コンピュータ革命や iPhone の成功をはじめ、六〇年代後半のヒッピーたちを源流とする自然回帰や環境保全、グリーン革命、食やスキンケアを中心としたオーガニック産業、医療用だけに限定されないエンターテインメント・マリファナ解禁の世界的潮流も、現代の経済活動に不可欠な倫理感、価値観の主流とさえなっている。

対抗文化の手法とディガーズ

一九六〇年代のヒッピー運動は、社会を変革し革命をめざすものだった。工業化社会によって深刻化した環境問題、ベトナム反戦運動の過程で、人々がどのような生き方をすべきかを追求したヒッピーたちは、何より自然との共生や個人のチカラ、そしてＤＩＹ（Do It Yourself）の創造性を重視した。世界を変革しようとしたヒッピーたちは、都会で暮らすか大自然に暮らすかの選択はもとより、資本主義社会と真っ向から対峙することの困難さに直面する。

そこで彼らが選んだ手段こそ、体制の権力と真正面から対決するのではなく、体制が受け入れやすい手法で、その体制自体を次第に変革していくという、カウンターカルチャーの考えだった。例えば、資本主義のビジネス手法を用いて、都市生活者のライフスタイルや意識の変革を無理なく実現する手法である。ヒッピーたちによって開発された環境に優しい生活用品、衣類、エコロジー製品、菜食主義食品、ナチュラルスキンケア用品などは、どれも七〇年代以降から静かに世界に普及し、資本主義経済の中に定着してきた。

これらのヒッピー運動は、実は一七世紀英国に起こった農業社会主義運動ディガーズ（Diggers）に起源があると言われている。二〇世紀初頭のドイツで起こったワンダーフォーゲルなどとも親和性を持ち、自然回帰と平和平等主義は、時代ごとにアップデートされ若者の心を捉えてきた。

一六四九年、真の平等主義者の起源と言われるディガーズの最初のコミュニティは、大きな社会不安を抱えていた英国で生まれた。近代のアナキズムの源流と見なされることもあるが、ディガーズは共通の土地から生産される食糧を平等に配布することによって、社会秩序を改革するという野心を持っていた。このグループのリーダーだったジェラード・ウィンスタンレーは、人間と自然の生態学的な相互関係を説き、人々と周囲の環境との本質的なつながりを強調した。

それから三一九年後の一九六八年、サンフランシスコの「マイム・トゥルゥープ」（ストリートシアター

のパフォーマンス団体）のメンバー一二人が、ディガーズの名前を現代によみがえらせた。私的財産や売買交換から解放された代替社会のライフスタイルを実行することが彼らの目的だった。彼らのような考えは、やがてヒッピー文化の社会思想として世界に広がっていく。ディガーズはその名称をアップデートし、都市環境の中で、絶え間なく成長するコミュニティーになった。自然に生きるだけの限界を超えて、都市の中での食料の無料配布、多彩な代替医療、一時的な住居のシェアや所有から共有のアイデアの提示、ディガーズ文化や音楽イベントなどを通じて、都市の中でのディガーズは、ファッションや時代の文化流行としてのみ捉えられていたヒッピー文化に魂を注入するようになった。

今日、ベルリンのシュプレー川沿いでは、土地所有という概念にも大きな変更が迫られている。かつては壁の存在によって制限されていた戦略的土地活用や将来的な使用に関する市民の抗議は、所有権から共同管理という創造的な代替モデルを提起し、川岸の周辺にかつてのディガーズの農園を創出しようとする動きまである。新しいディガーズのグループが、現在のビジョンと新自由主義のルールを統合するのか、無視、または拒否するかどうかにかかわらず、それらの行動は伝統的な不動産市場に価値転換を促し、公平性や共通性の必要性を主張している。

現在、世界的な動向として、大型ショッピングモールの経営不振が現実化している。拡大するオンライン・ショッピングの影響といわれるが、破綻した大型商業施設の後に、巨大な都市農業工場を作る代替案も、すでに現代のヒッピーたちが用意している。新たな用途に基づいた土地の共有価値への新しい意識が現れている。これを、ディガーズを起源とする社会農業主義や、六〇年代のヒッピー文化の再来を結びつけるのは単なる偶然ではない。

2 ヒッピー資本主義

ヒッピー文化資本

米国西海岸で生まれた反体制のイデオロギーが、なぜシリコンバレーに息づき、さまざまな意識革命を生み、世界を制するまでになったのか？　今、世界はこのヒッピー文化の再評価に躍起となっている。二〇一五年一〇月、米国のウォーカー・アート・センターで開催された「ヒッピーモダニズム：ユートピアのための闘争」展に始まり、二〇一六年九月一〇日から、ロンドンのV&A美術館で開催された〝You Say You Want a Revolution? Records and Rebels 1966-1970〟展にも世界の注目が集まった。実はこの二つの展覧会に共通するのは、かつてヒッピー文化がめざした革命への眼差しが、二一世紀に入って、巨大な「文化資本＝金鉱」となっているという観点でもある。

かつて資本主義と対峙したヒッピー文化が、皮肉にも現代の「資本」に転化している。ヒッピー文化が担ってきた資本の累積は、まさにヒッピー資本主義となり、現代の化学的で人工的な大量生産＋

大量消費の生活用品市場に内省を促し、斬新かつ安全なオーガニック製品などを産出する「文化資本」の運動となっているのだ。

六〇年代の対抗文化は、当時の社会体制を転換させる革命には至らなかった。しかしその後、ヒッピー文化や対抗文化に出自を持つ起業家が世界に多く現れた。米国、カナダ、英国に二七〇店舗あるWhole FoodsのCEOジョン・マッケイや、ヘアカット革命を起こしたヴィダル・サスーン、ウッドストック以後の音楽ビジネスの主導者、世界で成長めざましいナチュラルケア市場やビーガンや健康食品市場、さらに近年では、世界各地に広がるシェア経済の牽引者などである。そして、シリコンバレーのハイテク長者から寄付を募り、自由な海上国家を建設しようとしているThe Seasteading Instituteのパトリ・フリードマンなどは、ヒッピー文化や対抗文化という意識の革命と繋がりを持っている人々である。

ヒッピー資本主義の金鉱

ヒッピー文化やカウンターカルチャーは、人々の意識を徐々に変え、オーガニックな意識を身体化する社会構造＝コミュニティを育てた。それは、社会のイノベーションを生む巨大な文化資本にまで上昇してきた。これが二一世紀の人々の社会にどれだけ大きな影響となっているかは、世界のコスモポリタンがめざすライフスタイルの中に確実に顕在化しているようだ。

文化資本という概念を世に放ったのは、フランスの社会学者ピエール・ブルデュー（一九三〇年～二〇〇二年）で、彼の定義によれば、資本とは「交換が成立するシステム内で社会的関係として機能するもの」であり、それは「物質や非物質の区別なく、特定の社会的な枠組みにおいて追求する価値と希少性を示すもの」となる。これはサンフランシスコを迂回して、今、ベルリンに根を張るヒッピー文化資本なのだ。

オーガニック革命

ベルリン市内のファッションブティックやセレクトショップで目立つようになってきたDr．ブロナーのマジックソープも、一九六〇年代後半のヒッピー運動の中心地サンフランシスコから世界に広まっていった。マジックソープは、商品の品質、多用途性や環境保全性で、早い段階から忠実なファンを獲得した。口コミは広まり、その後アメリカ中の健康食品店に浸透し、マジックソープはヒッピー文化を象徴する商品となった。今では高級ナチュラルコスメと同等に並ぶ商品となり、ここベルリンでも、街中のセレクトショップでも販売されている。

ドイツは、ヴェレダやDr．ハウシュカが開拓してきたオーガニック・スキンケア製品のステータスを誇っている。ヴェレダもDr．ハウシュカも、ともに二〇世紀初頭の生活改善運動に多大な影響を与えた社会思想家ルドルフ・シュタイナーのバイオダイナミック農法と独自のハーブ薬学に基づく製品で、ドイツではもともと薬局で扱うカテゴリーの製品だった。ヴェレダは一九二一年創業の老舗で、Dr．ハウシュカの製造元WALAは一九三五年創業に遡る。二〇〇七年以降ブランドの販売政策が変更され、薬局だけでなく、デパートなどでも広く製品を入手できるようになったため、ハリウッドスターからも注目を集め、この一〇年で両社の売上は急成長を遂げている。

こうしたオーガニック・スキンケア製品の需要増大に、従来の化粧品業界が追随する動きも加速している。一九九七年にエスティ・ローダーが自然派スキンケアブランド「アヴェダ」を買収、二〇〇六年には世界最大の化粧品グループであるロレアルが、ネオ・ヒッピー・スタートアップの元祖といえる英国の美容製品チェーンである「ボディショップ」を九億八，三〇〇万ドルで買収したのは、世界で高まる消費者のオーガニック志向に対応するためだった。

Dr．ブロナーは、一六年連続全米ナチュラルソープ売上一位となり、現在、会社の運営に関わるDr．ブロナーの四代目と五代目の家族は、六〇年代のヒッピー文化の遺伝子を受け継ぎ、その市場は全世界に広がっている。Dr．ブロナーの全世界での収益規模は現在約四，〇〇〇万ユーロに上り、今後五年以内に八，〇〇〇ユーロの利益を生み出すと予測されている。

もともと創業者がドイツからの移民であり、スペインの石鹸作りの伝統を受け継いでいるといわれるDr．ブロナーのマジックソープの成功は、その使用実感やオールナチュラルという倫理価値はもとより、ヒッピー運動の文化資本を内包していることが大きな商品価値である。二〇一五年、世界のオーガニック食品の市場規模は六〇〇億ユーロ、オーガニックパーソナルケア市場規模は二〇一八年までに一一〇億ユーロに達すると予測されている。

ドイツ・ニュルンベルクで毎年開催され、三〇年続いているオーガニック食品専門の見本市であるBIOFACHは、VIVANESS＝ナチュラルパーソナルケアの国際見本市と併催される。オーガニック市場の成長著しいヨーロッパで、なかでもオーガニック先進国ドイツでの開催とあって、毎年多くの出展者・来場者で賑わい、活発な商談が行われている。ここには、ベルリンのオーガニック系スタートアップも多数出展しており、ヒッピー資本主義の主な舞台ともなっている。

今後、オーガニック志向の多様な商品開発はもとより、シェアリングエコノミーやソーシャルビジネスの新たなアイデア、そして都市開発に至るまで、ヒッピー資本主義が世界経済を牽引することはもはや確実かもしれない。

3　ベルリンの生活革命――ホルツマルクトの実験

ベルリンの生活エコシステム

一八，〇〇〇平方メートルの土地が現代のヒッピーによって開拓された時、シュプレーの景観は一変した。放棄されたコンクリート建築の骨格は、廃材を利用した木造の外壁と窓で飾られ、中古レンガから生まれたアーバン・ビレッジには、サーカスやアクロバット用のスタジオ、子供の劇場、クラブに行くために両親が子供を預ける二四時間の託児所があり、河畔にはビーバーが立ち寄る場所さえある。これはロンドンやニューヨークに追いつく都市開発どころか、その先にある未来を見通したプロジェクトではないか？　この不動産開発の新規性を理解するには、かなりの想像力が必要だ。

先進と呼ばれるものは、時に新しさの概念そのものを革新する。ドイツ政府やベルリン市が求めた当たり前の先進都市ベルリンは、今大きな修正変更を迫られている。二〇〇五年以降、特にこの一〇年におよぶホルツマルクトの開発は、世界の資本主義に前例のない実験結果を突きつけた。都市は最高入札額の不動産開発や行政主導の都市計画だけで建設されるわけではない。クラブのオーナーやヒッピーなら、いかに街を最高のパーティーにするのか?

二〇〇〇年以降の「メディアシュプレー」計画は、ベルリン市が壁崩壊後に自然発生的に起こったスクウォッター文化を制御し、海外の投資家やメディア企業に呼びかけ、シュプレー河畔のプレミアムな土地を長期間リースし、破格な値段で土地を提供したことに端を発した。その見返りは、海外のメディア系大企業の誘致による産業基盤の形成、雇用の増大という、どこにでもある便益効果だった。しかし、最後のスクウォッターとヒッピー文化、ビーチバー、多彩な一時的なプロジェクトが、急速にそびえ立つ新しいオフィスビル、ホテル、高層住宅の建設ラッシュにストップをかけた。

今、ベルリンで最もユニークな実験場となったシュプレー川の両岸を視野に、持続可能な未来のための新たなエコビレッジを観察することは、世界の都市計画家に絶好の視察機会を提供している。都市の園芸や農業プロジェクトを探索し、川沿いのビーチバーやクラブ、新しい共同住宅プロジェクトやスクワット・ビレッジなどをシュプレーに沿って散策すると、ベルリンのさまざまな歴史の交差と生活革命が見えてくる。ホルツマルクトをめざして、世界から、日本からも多くの人々が視察に訪れる。今やベルリンを代表するホットスポットとなっている。

ヒッピー・エコビレッジ

メディアシュプレー計画と対立するメッセージが、街の壁や建物に描かれた。「営利の妄想よりも地域だ！」、「くたばれ、メディアシュプレー！」と書かれた巨大なグラフィティは、誰もがアクセスできる河畔が必要だという、近隣のベルリン市民の切実な声を代弁していた。ホルツマルクトに併設されたクラブKater HolzigやシュプレーⅠ川に浮遊式プールを設置するBadeschiffなどのプロジェクトも、シュプレーの自然生態系を守るアイデアを実践してきたものだ。

メディアシュプレー計画が誘致したメジャー音楽レーベルの殿堂やクリエイティブ産業の拠点は、今、かつての威信を失い沈黙しているように見える。新旧の様式が混ぜ合わされた河畔の建築群の意匠と現代のヒッピー・エコビレッジとの対比は、相容れないアプローチとスタイルの混乱した並置だ。

シュプレー川はまた、水路から流出する水質汚染とそれに対抗しようとする自然回復の対比でもある。かつて都市を分断していた壁や、都市交通における水路の役割、これら全てを結びつける新たな視点に、ベルリンの隠れた歴史が畳み込まれている。過去とのつながりを意識的に作り、自発的な取り組みを行いながら未来への明快なビジョンを持つこと。隔たった両岸、見えない新たな壁までを有意義な方法で結びつけ、人々のための都市にする必要があることをシュプレー川は教えてくれる。シュプレーの水面からの視点を得ることは、未来のベルリンというテーマを考える良い方法なのだ。

シュプレー川の自然生態系を最優先し、将来の創造的人材を育むエコシステムが評価されたホルツマルクト計画は、資金調達もオーガニックなものだった。ベルリンの不動産は長期的な上昇が見込まれる確実な投資であることから、ホルツマルクトにはスイスの投資機関である年金機構が支援を申し出た。そして、多彩なプロジェクトを実現するために段階的な開発を続け、時代とともに計画の持続可能性を検証する「都市創造協同組合」が組織され、世界中の投資家や個人から資金調達を成し遂げている。大企業や政府、投資家との交渉を丹念に続けるホルツマルクトこそ、現代のヒッピー資本主義の拠点なのかもしれない。

原点となったbar25

二〇〇四年、ヤノヴィッツ橋駅の近くにあるホルツマルクト通りのシュプレー河畔に「bar25」がオープンした。これは元ファッション・カメラマンのクリストフ・クレンゼンドルフと彼のチームが「ビジネス・ヒッピー」として考案したスタートアップ・プロジェクトだった。彼らは、いくつかのオーディオ機器とキャンプ用のワゴン車しか持っていなかった。彼らの施設は、そのほとんどが廃棄された木材や大量のゴミから建設された。これにより、建築コストは最小限となり、最大限の柔軟性が実現した。

主に木製の建築物は、新興国のスラムやファヴェーラ（貧民街）を想起する建築様式の新しい「言語」

となった。彼らは、その強力な言語を用いて、常に変化し続ける斬新な建築の概念を生んできた。世界の名だたる建築家が掲げるエコ建築やグリーン志向のコンセプトが、うわべだけの装飾に思えてしまうほど、クレンゼンドルフのアイデアは予想を超えたインパクトを提示した。bar25の目的は、生成とモデル化が自在に可能となるパブリックスペースを提供することで、人々が「自分の」居場所、そこを「自宅」にすることだった。

徐々にbar25が成長し、新しいパーツが追加・変更され、時には削除された。六年以上にわたり、クラブ、レストラン、暖炉、サーカス・リング、屋外映画、スパ、バンパー・カー・ライドなどが設置された。二〇一〇年、すでにインターネットが実現してしまった「全地球的な時代」は、一九六〇年代のヒッピー文化の終焉を告げ、その場所は閉鎖に追い込まれた。ベルリン市が展開する「メディアシュプレー」計画によって、立ち退きが避けられなくなったからだ。

しかしその後、「ビジネス・ヒッピー」は同様のコンセプトでbar25のすぐそばに新しいクラブ「Kater Holzig」を開始した。二〇一三年、その場所をもう一度閉鎖する必要があったが、元のbar25があった土地をベルリン市から七五年リースで購入するために、スイスの年金機構Stiftung Abendrotが彼らに協力した。その後、新しい都市地区のように機能するbar25の、より洗練されたバージョンである「ホルツマルクト」を実現するため、自己増殖的な段階的計画が策定された。

ホルツマルクト通りは中世の交易拠点に端を発し、現在ではベルリンのオルタナティブシーンの中心地区で、フリードリッヒスハイン、クロイツベルク、ミッテの交差点である。ここ数年、ホルツマルクト・プロジェクトは、ベルリン市が独自に考案したオルタナティブ・ライフスタイルの推進やそのプロセスに静かに対抗することを目指してきた。従って、ホルツマルクトのオーナーは、ベルリン市が掲げるシュプレー河畔の再開発とは一線を画し、自らを独自の都市地区と位置づけている。

土地のリースやさまざまな規制においてはベルリン市行政と連携し、彼らはあくまで独自に考案したエコシステムを実現しようとしている。ベルリンの多様な地域や中心部ミッテの劇場近くにいる人々を引きつけるために、ホルツマルクトはシュプレー河畔の市民に開かれた公共地となっている。「メディアシュプレー」のような、投資家が川沿いにオフィスビル、高級ロフト、ホテルなどを建てた計画とは大きく異なっていた。

4 スタートアップの新たな拠点エックヴェルク

古いドグマとの決別

ホルツマルクトのコンセプトは、居住施設や娯楽施設、文化プログラムを提供するだけでなく、植物や野菜を栽培するためのスペースを、市民が最大限に利用できるようにすることだった。地元の人たちは、自分の意志で空間を使い、創造し、再創造できるプランを歓迎した。その斬新なアイデアは、世界中の人々とつながることも意味していた。プロジェクトの一環として立ち上がる「エックヴェルク」は、スタートアップ、発明家、学生、科学者が集まり、アイデアを交換し、居住し、自分のプロジェクトを開始するためのスペースである。これまでのコワーキングやイノベーションハブのコンセプトと何処がどう違うのか？　この新しさを理解するためには、ホルツマルクト以上の想像力が必要かもしれない。

ホルツマルクトの中心的な構成要素であるエックヴェルクは、プロジェクトの社会的便益への最適解である。それが建設されると、スタートアップを含む職場空間、娯楽施設、オーガニック・フードショップ、レストラン、手頃な家賃の学生住宅、多機能施設が開設される。建設は今でも、設計（機能を含む）変更を繰り返している。住居、仕事、娯楽、レクリエーションの各分野を連携する提案であるが、ホルツマルクトの最も印象的な特徴は、その全体的なエコシステムから生まれる独特の雰囲気だ。それはあらゆる種類の社会的接続の場所であり、人々の実験のためのフィールドである。全てが許され、何も要求されない。ホルツマルクトの先見の明は、人々の個別の要求と同時に、さまざまな社会的な要請を受け入れる場所である。混沌としたように見えるものは、その最大の強みのひとつなのだ。エックヴェルクの設立趣意書から引用しよう。

「未来はここに！

今日、世界を変えるのは簡単ではありません。私たちは今ここから始めたいと思っています。それが、社会的、経済的、生態学的な質問に対する持続可能な回答に共同で取り組み、最も才能のある意欲的な人々を招待する場所を作り出す理由です。

エックヴェルクは、責任ある経済活動を促進する場所でなければなりません。私たちは、所有する代わりに共有すること、分離する代わりにお互いの共通の利益に資することが重要です。このモデルを追求する場合、公正である必要があります。

エックヴェルクは、世界が本当に必要とするプロジェクトを支援するために、時間と空間に投資しています。私たちが理解しているのは、進歩は単なるお金を稼ぐこと以上のものでなければなりません。私たちと一緒に貴重な何かを行えば、それから人は自ら生きて行くことができるはずです。

求められている解決策は、時には複雑で大きく、決して個人だけでは見つけられないものです。従って、エックヴェルクでは、相乗効果と協力の生産力を信じています。私たちは、恐れなく、そして誰もが信念を持って共有する、アイデアに基づいた革新の力を信じています。成功は、システム全体の価値に反映され、利益の最大化には反映されません。

積極的な競争を促し、特許や著作権法に基づく古いドグマや、最大限の知識の権益と権力の管理のための知識は、実際の進歩と改善を妨げます。したがって、これらのドグマはエックヴェルクには不要なのです」

著作権や特許の取得によって利益の最大化を図る古いドグマこそ、ヒッピー文化が退却した後のシリコンバレーの成長神話を支えたご宣託のようなものだった。「早くこの洗脳から脱しなければならない」。ベルリンでは何度もこのメッセージを聞いた。「シリコンバレーと心中するつもりなら別だけど、早く日本もその洗脳から目覚めた方がいい」と、何人ものベルリンの友人がささやいた。今、ベルリンに帰還し、シリコンバレーから迂回してきたネオ・ヒッピーのビジョンが、このエックヴェルクにも反映されている。

研究機関からクラブ、レストラン、学生寮に至るまで、エックヴェルクは文化的、社会的、多様性のノードを目指している。そもそもクラブカルチャーとイノベーションハブが連動することは、ここベルリン以外では理解されないかもしれない。持続可能性とエコロジーというホルツマルクト全体の議題からは、さらなるアイデアがもたらされるかもしれない。環境にやさしい素材と庭園や農業の空間まで共有するこの場所は、未来に向かう思考のために若い世代を育て、教育することをめざしている。

自己組織化するプロジェクト

ホルツマルクトは公共スペースのための面積を拡張することで、市民の広範なアクセスを可能にするだけでなく、誰もが利用できる場所だ。これには、公共都市ガーデニング、共有緑地、アクセス可能な屋根付きの農園、河畔への公共アクセスなどが含まれる。これらのスペースに何が起こったかは、サイト所有者によって設計または計画されたものではなく、全ての参加者による継続的な変更による。こうした創発を伴う自己組織化は、空間の建築概念を構想する段階で考えられてきた。ごくわずかだが、計画やプレゼンテーション段階では、ユーザーの個別のニーズに合わせた変化するモジュラー構成が示されていた。

ホルツマルクトは、既存のコミュニティのためだけでなく、多彩なシェア（共有）環境のプロトタイプとして見ることができる。これは、ベルリン市が個人投資家に売却するスペースが増え続けることへのやや挑発的な反応だった。フリードリッヒスハイン・クロイツベルク地区のフランツ・シュルツ市長は、「私は政治家がホルツマルクトから学ぶことができると考えているのは、多くの投資家の設計した光沢のある高級プロジェクトに、彼らが簡単に盲信しないことだ」と述べた。

ホルツマルクトの存在とその効果を確実に推定することはまだ困難だ。プロジェクトをサポートしているクリスティアン・ゴイニー（キリスト教民主同盟）は次のように述べた。「今日、私たちはそれを例外的なプロジェクトと呼んでいます。しかし私は、いつかそれがパイオニア・プロジェクトと呼ばれることを願っている」と。

ホルツマルクトの特徴的な建築である木製の小屋や一時的なモジュラー・ユニットなどの混淆と非整合な構造は、基本的にスタートアップの資本がないため、創業者たちの初期のインスピレーションに端を発していた。それ以来、他の多くのクラブによってコピーされることになるこの大量の廃棄物利用は、ベルリンのオルタナティブシーンとその場所のシンボルとなった。

ホルツマルクトは、この方法を用いてパーティーの場所を作成するだけでなく、住居、店舗、レストラン、商業エリアを作成するための先駆的なモデルをも提示した。ガラスと鉄骨のシンメトリーな最新建築に真っ向から対峙するファヴェーラの脱構築は、建築のアウラ（権威）を剥ぎ取り、柔軟に可変する移動建築のような軽快さをもたらしている。それは、中世の都市壁が後の時代に建築材料として再利用され、壁崩壊後の廃墟となった街の空き家が次の都市活性に寄与してきたことにもつながっていた。

ホルツマルクト・プロジェクトは、現代の生活と仕事のモデルを再考する可能性を秘めている。それは、完全に設計された平らな面と整理整頓されたオフィスではない。それは日々の仕事からの圧力を取り除き、毎日のルーチンから逃れるための場所を提供する。ホルツマルクトの背後にあるアイデアは、まだ統合されていないベルリンの全く異なる二つの側面に呼応している。商業的に運営されている創造的な経済と、不条理の都市としてのその確かなイメージ。従ってホルツマルクトは、人々を充足させ、社会的交流を促進するために、あらゆる種類の公開活動と公益的な会議プログラムを提供している。自在に適応可能な建築とプログラムのバリエーションにより、年間の場所利用を促進し、より安定した収益性が実現するのだ。

ホルツマルクトが問いかけるもの

過去一〇年間、ベルリンは常にそのプロパティを最高価格入札者に売却してきた。しかし、他の都市と同様に、新しい考え方が街に定着し始めている。都市が不動産を売却するとき、長期的な視点から、文化的、社会的基準を考慮する必要があるということだ。ベルリンの文化の一部である計画が求められ、実際市民や自然環境に配慮した計画が求められている。ベルリンにガラスのタワーは本当に必要なのか?

この種の質問への回答は、特にベルリンでは緊急を要している。ベルリン市は東西統合による莫大な再開発の負債として六〇〇億ユーロ（約八兆円）を抱えている。その返済のため、これまで不動産の売却を通じて二〇億ユーロ（約二，六七〇億円）以上を調達してきた。一方、ベルリンは単なる不動産売却からの利益ではなく、文化的で社会的に意義のある象徴的な広場を必要としている。

新たな提携も現在進行形である。例えば、さまざまなアーティストのグループである「独立したアーティストの連合」は、ベルリン商工会議所との共同プロジェクトに取り組んでいる。そのメッセージの核心は、巨額の負債を抱え、規模の経済基盤に乏しいベルリンでは、唯一の資本である住民の創造性を育てなければならないということだ。共同文書によると、その中には社会的および文化的利益を考慮した不動産政策も含まれている。特に観光経済は文化コミュニティの新しい力に貢献している。二〇一二年三月には一九〇万人の宿泊客があり、二〇一一年の同月に比べて約一七％の増加となった。ベルリンを訪れるほとんどの観光客は、この街の文化的なイベントやクラブシーン、サブカルチャーに惹き寄せられている。

市および地方政府の重要な議員のほとんどは、ホルツマルクト計画に賛同している。誰もがこの「文化村」をシュプレーで実現してほしいと望んでいる。これは、ドイツの首都を隅々までを活気づけてくれるからだ。いくつかの州議会上院議員がすでにKaterHolzigの夜間会議に出席している。誰もがこの計画を支持しているが、プロジェクトを現実のものにできるかどうか、どのようにしてそれを実現するかについては議論を重ねている。

ホルツマルクトのイニシアチブは、彼らのプロジェクトを大人のための見本市として描いている点だ。彼らは仕事と住居をカバーする多機能な空間を創造すると主張しているが、この声明は彼らの主な関心事が余暇の時間にあることを示している。彼らの初期のプロジェクトであるbar25とKater Holzig以来、ホルツマルクトの創造者たちはベルリンのパーティーシーンに大きな影響を与えてきた。ホルツマルクトは、計画に新しいアイデアや構成要素を追加しているが、その原点は主にパーティーやアミューズメント施設なのだ。ホルツマルクトが創造性と生産性に富んだ場所になるのかはまだ疑問が残っている。

批評家は、この場所が、科学者、研究者、ビジョナリストを避けてしまうかもしれないと指摘する。この場所を素通りし、誰も関わりたくない場所になるかもしれない。ドイツの新聞「taz」は「彼らは二四時間制の保育園を持っているので、両親は終日でも遊びに行ける」と皮肉を込めて記述した。

顧客もダイナミックに混在しているのではなく、特定のグループに支持されるだけかもしれない。投資家とより多くの人を集めるためのいささか楽天的な生産性と安易な創造主義への非難もある。結局のところ、ホルツマルクトはもうひとつのbar25に留まるのかもしれない。

しかし、そうしたさまざまな懸念や批判は、従来からの価値観に立ち戻る「安心」から沸き起こるものだ。さらに想像力を働かせれば、こうした疑問や懸念の先にある混乱と不安から、解決を見届ける努力が重要となる。今のところ、ホルツマルクトの野望は内外からの膨大な訪問者を含めて、多大な関心と新たな経済を生み出す予兆の中にある。夏だけでなく一年中、公共地として解放されているビーチゾーンに集まる大勢の人々の賑わいとともに、このプロジェクトが今後どのような進展を遂げるのか。ベルリンのみならず、世界の大きな関心事であることは確かである。

5 ベルリン最古のクリスマスマーケットと贈与経済

クリスマスの経済

ヒッピー文化の源流といえるものは、実は歴史の至る所で見つかる。例えば、クリスマスもその一例だ。ドイツでは、一一月三〇日に最も近い日曜日からクリスマスに向かう四週間がアドベント（待降節）と呼ぶ期間である。アドベントは、ラテン語で「到着（adventus）」を意味する。キリスト教会では「待降節」と呼び、イエスの誕生を祝う降誕祭に向かって進むこの時期、カトリックの信者は、幼子イエスを一人ひとりの心の中に迎える準備をする。待降節は心待ちにしている日（太陽の到来のように）が近づいてくる期間でもある。一二月二五日のクリスマスまで、街は光で彩られ、人々はギフトの準備に大忙しだ。そんななか、欧州では「脱クリスマス」を唱える声も高まっている。ベルリン最古の街のクリスマスマーケットから、ヒッピー文化に通じる、クリスマス本来の経済活動の意味を考えてみよう。

欧州の「脱クリスマス」

EU七カ国（デンマーク、ノルウェー、ドイツ、スウェーデン、英国、フィンランド、フランス）の人々に「あなたはクリスマスを楽しみにしていますか？」と問いかけた調査で、フランス国民の五七％が「クリスマスは好ましくない」とする驚きの結果が出た。フランスの低迷する経済と移民不安が主な理由と言われているが、商業主義への批判や他宗教への配慮などから、EU圏ではクリスマスを見直す声があがっている。しかし、イエス・キリストの降誕を祝う祭典は、ハロウィーンや感謝祭などとともに、世界中の人々の心を捉えていることも事実である。

トナカイとサンタクロース、七面鳥、クリスマスツリー、趣向を凝らしたギフトの数々。そして『クリスマス・キャロル』のような物語と世界中に流れるクリスマスソングの数々など、クリスマスから生まれる情緒価値の経済規模は莫大である。

アドベントの期間には、世界中でクリスマス商戦が展開され、サンタノミクスが話題となる。米国の小売業は、二〇一三年のクリスマスに三兆米ドル（約三三五兆円）以上の収益を生み出した。クリスマスの休日の売上高は、その年の小売業の売上高の約一九．二％を反映していた。

ドイツ語でクリスマスはヴァイナハテン（Weihnachten）、フランス語ではノエル（Noël）、イタリア語ではナターレ（Natale）といい、その語源や意味もさまざまだ。ドイツ語のヴァイナハテンには「聖夜」や「捧げる夜」といった意味があり、フランス語のノエルには「誕生」という意味がある。

一二月二五日とされるイエス生誕の季節は、冬至を過ぎて日照時間が長くなっていく「一陽来復」の時期であることから、古代より太陽が生まれ変わる季節の祝いであるとも言われている。宗教的な意味以上に、年越しの祭事として人々に普遍的な意味を持つ祝いとなったことで、クリスマスは世界中で受け入れられてきた。

欧州一と評されるドイツのクリスマスマーケット

現代ドイツのクリスマスは、グローバル経済と接続している。ドイツを代表する大手メディアである「Zeit」は、増大するクリスマス消費を「価値破壊の乱行」として警告した。それによると、ドイツ国内には毎年二，四〇〇〇万本のクリスマスツリーが飾られ、三一，二三八トンの家庭用のクリスマス関連製品（ツリー、電飾、アクセサリーなど）がドイツに輸入されている。さらに一，〇〇〇万羽のガチョウ（七面鳥は英国と米国が主で、ドイツはガチョウ）が焼かれ、その際のオーブンにはおよそ四億八，〇〇〇万キロワットの電気が供給される。ドイツ貿易協会（HDE）は、二〇一六年のドイツ国内のクリスマス関連の売上高を九一一億ユーロ（約一一兆円）、子どもの玩具売上は一七億ユーロ（約二〇五七億円）と見込んでいた。

ドイツの消費者の四四％が、クリスマスギフトを含む関連製品をオンラインストアで購入している。

クリスマス直前の数日間だけで、ＤＨＬとAmazonをあわせると、日に六〇〇万のクリスマスギフトがドイツ国内を移動する。ギフトの包装紙やダンボール、そして豪華な食事のフードロスを総計すると、ドイツの家庭ゴミはクリスマス当日だけで六七〇万トンに及ぶと言われている。

環境負荷を伴う過剰なクリスマス消費への批判がある中で、ドイツの伝統的なクリスマス行事の評価は健全だ。それは、毎年国内外から延べ一・七億人が訪れ、二五億ユーロ（約三、〇二六億円）の総売上を誇る、欧州一、世界一のクリスマスマーケットの存在なのだ。

僕がクリスマスの季節に無性に食べたくなるのが、グリューンコール（緑のキャベツ）という素朴な冬の名物料理だ。グリューンコールは、日本では「ケール」と呼ぶ北ドイツの冬の野菜だ。ビタミンが豊富で独特な味わいがあり、豚の脂肪と一緒に二時間は煮込む。これがないとクリスマスは始まらない。クリスマスが呼ぶのか、グリューンコールが呼ぶのか、クリスマスの季節は徐々に気持ちが高揚してくる。

一三世紀から続いていると言われているドイツのクリスマスマーケットは、国内の地域マーケットを合算すると二、二〇〇あり、ドイツを代表する大規模なマーケットは三四ある。ソーセージにグリューンコールにホットワイン。この季節の定番を味わいながら、クリスマス用品や冬の製品を扱う小さなテントを回る。

ドイツに次いで欧州で第二位のフランスは、小規模なクリスマスマーケットが二四五、大規模マーケットが二八なので、ドイツとの規模の違いは歴然だ。特にドイツの特徴は、地域コミュニティと直結したクリスマスマーケットが多くあることだ。豪華なイルミネーションに彩られた観光客向けのクリスマス・マーケットも開かれる。ベルリンだけで主なクリスマスマーケットは三〇以上あるが、なかでも地域コミュニティとの結びつきを重視したドイツの伝統的なマーケットがひときわ光っている。

リクスドルフのマーケット

毎年一二月第一週の週末の三日間、アドベントの幕開けを飾るクリスマスマーケットがベルリン・ノイケルン地区のリヒャルト広場で開かれる。それがリクスドルフ村のマーケットだ。僕がクリスマスマーケットで心底感動したのは、このリクスドルフだった。ここは、一三世紀を起源とするベルリンの歴史にあって、昔の街の景観がそのまま残っている地域だと言われている。昔の鍛冶屋や教会、レストランも健在だ。地域コミュニティーと直結したリクスドルフのクリスマス・マーケットは、ドイツ本来のクリスマス精神を感じることのできる貴重な場所だ。

マーケットで売られている食べ物や雑貨、手芸品、木工品、陶器などは全て手作りだ。マーケット全体の飾りつけは自然体そのもので、派手なイルミネーションはなく出店のテントも質素で、昔から続く市場のエコシステムを実感できる。このリクスドルフで最初に気づくのは、ここで売られているものの大半がチャリティや社会貢献事業と結びついていることだ。

その売上は、移民や難民救済などにも寄付される。毎年、ドイツ赤十字やアムネスティ、相互扶助組織や社会貢献NPOなどが趣向を凝らした出展をする。ガーナに子どもたちの学校を作るというドイツのNPOもクリスマスマーケットと連携し、アドベントの最初の三日間、リクスドルフは世界のクリスマス商戦を諫めるように、人々の心を清めているようだ。

こうした慈善や互酬活動の舞台がクリスマスマーケットや公共の広場の役割でもあり、贈与経済というクリスマスの本質を垣間見せてくれる。ドイツや欧州の人々にとって、モノを贈り、返される「ギフト」とは、まず贈る相手を喜ばす道具だということを感じる。相手の気持ちに直接訴え、喜びを感じてもらうという意味で、ギフトは「品物」以上に能動的だ。相手を喜ばせるというのもさまざまな角度がある。笑いや機知、少しの皮肉まで、それらは気心の知れた相手への敬意なのだ。

「物が与えられ、返されるのは、まさしく〈敬意〉――われわれはさらに、〈礼儀〉と呼びうるかもしれない――が相互に取り交わされるからである。しかし、それればかりでなく、物を与える場合に、人は自分自身を与えるのだ。」と、フランスの社会学者で文化人類学者であるマルセル・モースは、その『贈与論』の中で記している。モースは贈与の本質は「互酬性」にあることを説いた。遠い昔の市場では、交換は貨幣が占有したのではなく、非常に広範な交換行為（儀礼、舞踊、祭礼、市など）が機能し、道徳と経済は一体的であったのだ。これはヒッピーやディガーズの考えと重なる。

「贈与経済」の本質——クリスマスだからできること

本当に相手に喜んでもらえるギフト＝道具だてを考えるには時間が必要だ。ギフト選びに悩む多忙な人向けにThe Christmas ListやGift Planner-Christmas List Organizerという世界二大アプリも活躍する。クリスマス・イブの贈り物を互いに交換するのは、家族や親しい友人に限られる。つまり、相手を十分に知っていなければ、相手を喜ばせることは難しいからだ。

相手に何を贈れば喜んでくれるか？　日本のお中元やお歳暮のように、贈る側の主体的な気持ちをシンプルに表現する「品選び」とは少し異なる。相手を考えて選ぶというのは同じでも、相手を本当に喜ばせることに焦点がある。端的に言えば、ドイツの贈り物は、品そのものの価値よりも、相手を喜ばせる「設定」に重きがある。その意味で、贈与の交換は、貨幣価値よりも「情緒」の交換なのだ。

今、ギフトを金銭的な価値として考える傾向が世界的に顕著だ。情緒的な価値を無視すると、ギフトは現代の経済学では浪費の一部でしかない。特に、ギフトを現金ではなくモノでやりとりするのは、社会的効用を低下させる行為だと指摘する研究さえある。

これは、ギフトを渡す人の支払った価格と受ける人が評価したギフトの価値が異なるためだ。ほとんどの場合、ギフトを受ける人は、渡す人よりその価値を低く評価する。その差額が「社会的便益の損失」になるという考えだ。これを解決するには、ギフトを与える場合、現金で渡すのが便益損失を減らす道だというのだ。

しかし、貨幣価値だけがギフトの効用ではない。皆がギフトを商品券やギフトカードなどでやりとりする社会より、贈る相手がいて、互いに何を贈れば相手が本当に喜んでくれるかを重視する社会であれば、そもそも便益損失などは論外なのだ。

貨幣による寄付と情緒によるギフト

一方、貨幣の交換価値によって広く社会貢献が可能なのが寄付だ。現在、ドイツに在留しているシリアなどの難民の数は申請認定待ちを含めて一八〇万人、これはドイツ国民の意思と包容力の現れだ。今ドイツでは、クリスマスのための支出を減らして寄付に充てる傾向が高まっている。ドイツの市場調査グループGFKによると、二〇一五年のドイツにおけるクリスマスギフトに対する支出は平均二七四ユーロ（約三三，四〇〇円）で、前年を四％下回った。シーズン期間中の小売売上高は前年から五％減少した。

ただし、一月から九月までに行われた寄付の総額は前年比約一四％の増加で、GFKはこの傾向は今後も続く見通しで、クリスマスが近づくにつれ強まるだろうと予測している。貨幣による寄付（広く社会への貢献）と、情緒によるギフト（親しい人間関係への貢献）、この二つでドイツのクリスマスがより鮮明になってくる。

英国のBrexit（英国のEU脱退）に端を発し、米国のトランプ現象が提示したものは、グローバル経済の深刻な乱気流の影響と国内第一主義に向かう世界の姿だった。グローバリズムの終焉やEU崩壊も懸念される世界情勢のなか、一年を振り返り、子どもや家族、そして地域の未来を内省する場所として、クリスマスの役割は重要だ。

アウトドア衣料品の世界大手「パタゴニア」は、先のブラックマンデーの利益一，〇〇〇万ドル（約一一億円）を全て環境保護のために寄付すると表明した。クリスマスだからできることを、企業も従来のCSRを超えて踏み出そうとしている。大手ファストファッションH&Mが二〇一六年のクリスマスに向けて発表したPVは〝Come Together〟。このPVは「グランド・ブダペスト・ホテル」（二〇一四年）などの作品で知られるウェス・アンダーソンが監督した。一片のビデオギフトが世界中を駆けめぐり、人々の心と共鳴した。クリスマス商戦で恩恵を受ける企業だからこそ、クリスマスの本質に接近するのは懸命だ。

贈与と社会的包摂を促すクリスマスのチカラ

クリスマスの真の効果を見出すのは、それぞれの国や地域の人々である。クリスマスの経済とは、一気商戦の機会ではなく、人々が生み出す贈与と社会的包摂を促すチカラだ。

クリスマスの消費乱行を内省する動きがあるなかで、それでもクリスマスが必要だと思えるのは、それが贈与経済を軸にした道徳と経済の一体化を実行する数少ない機会だからだ。しかし、それでも気になることとして、グローバリズムの終焉やEU内のさまざまな不協和音である。クリスマスの今を深く見つめると、激動する世界情勢も鮮明に見えてくる。

二〇一六年一二月一九日、ベルリンの中心繁華街にあるカイザーヴィルヘルム教会脇のクリスマス・マーケットに、大型トラックが突入するテロが起きた。聖夜の灯が消えないことを祈りつつ、クリスマスのチカラが今こそ求められていると感じた。

3章

ソーシャル・イノベーションのレシピ

1 モビリティとシェアリング経済
2 ベルリン発フィンテック革命
3 都市生活を変えるオーガニックな文化

1 モビリティとシェアリング経済

スタートアップ文化

ヨーロッパ各国からさまざまなクリエイターや起業家が集まる街、ベルリン。この街で生活していると、ソーシャル（社交）という新たなビジネスの意味を実感することができる。ベルリン発のシェアエコノミーやビーガン（絶対菜食主義者）運動、そしてフィンテック・スタートアップ、アーティストがめざすソーシャル・イノベーションのプロジェクトを通して、ベルリン発のスタートアップ文化の一端を見てみよう。

ベルリンは、シリコンバレーがめざすユニコーン型のプラットフォーム・ビジネスで全世界の覇権を握るといった、大いなる野望とは明らかに異質なスタートアップが多い。もちろん、世界市場を目指すユニコーンもいくつもあるが、ベルリンのスタートアップには個人と社会とをつなぐ使命感や経済倫理が色濃く反映されている。ベルリンでは、ソーシャル・イノベーションを目指すスタートアップはいかにして生まれるのか？　斬新なアイデアを広く多くの人々の心の中に自生させるための、ベルリン・レシピの数々を読み解いていく。

ベルリンのカーシェアリング市場

人が移動する手段や、社会のさまざまな交通システムと情報コミュニケーションの流動性を最適化していくのが、モビリティ（可動性）マネージメントである。ここベルリンは、東西を隔てた壁の崩壊から四半世紀を経て、世界で最も多様性を受け入れる都市の成熟期を迎えている。とりわけ、クルマと人、公共交通システムと人との関わりに革新的なソーシャル・アプリを介したサービスが次々に登場し、都市のモビリティにも大きな変化が到来している。

自動車大国ドイツの各都市では、クルマを所有せず、一台のクルマを複数の人が利用するカーシェアリングの市場が急拡大している。ドイツ・カーシェアリング協会の調査報告（二〇一五年一月）によれば、ドイツ国内の利用者は一〇四万人、利用されるクルマは一五，四〇〇台を数える。これは前年比一〇．四％の伸びだ。現在、ドイツ国内には約一五〇のカーシェアリング・プロバイダーがあり、これは前年比三七．四％もの増大となっている。今後五年で、ドイツのカーシェアリング利用者数は二〇〇万人を超えると予測されている。英仏の利用者も急増しているが、ともにまだ二〇万人程度なので、ドイツがいかに突出した利用者数なのかがわかる。

ベルリンでは、自家用車が人々のステータス・シンボルであった時代は終わりを告げ、クルマを共有（シェア）し、都市交通の最適化や環境負荷を軽減しようとする市民意識が人々の誇りとなっている。ドイツはオーガニックやＢＩＯ（ビオ）食品、エコ・ビジネスなど、ライフ・イノベーション産業の世界の中心地であり、循環型持続社会への取り組みは、国の基幹産業である自動車産業にも劇的な変化を促している。この変化の主要なドライバーこそ、クルマと人を直接つなげるソーシャル・アプリの威力なのだ。今や個人のモビリティ・マネージメントの大半は、情報のモビリティであり、クルマはスマートフォンのアクセサリーとさえなっている。

情報のモビリティ

クルマを所有する時代が終わるかもしれない――。そんな予感は欧州全体で、特に若者たちの間で急速に広がっている。所有から「共有する経済」への変化は、今、世界中のトレンドだが、その多様な活性を支えているのは、スマートフォンと多彩なアプリの浸透だ。それは、人々が社交し、多様なコミュニティーが自在に形成される情報モビリティのインフラである。今や人々の新たな感覚器官とさえなったスマホの地球規模のネットワーク化は、情報のモビリティと実体経済を統合するさまざまなビジネスをもたらしている。

ベルリンは、年間五〇〇を超える有望なスタートアップが生まれる拠点でもあり、このソーシャルインフラこそ、既存産業のすき間にさまざまなビジネスを生み出すプラットフォームなのだ。型どおりのホテルの宿泊より、旅行先の一般住宅に泊まることで、地元の生活実感が得られるAirbnbのようなサービスも急成長した。自分の部屋を観光客に提供して収益を得るのと同じように、休眠しているクルマを貸し借りすることで、共有経済が展開される。

「あなたは自分のクルマでお金を得ることができます」と呼びかけ、個人間のカーシェアリングにあったさまざまな課題（保険や契約などのやりとりなど）をアプリひとつで克服したCarUnityというサービスも出現している。これは、ドイツの自動車メーカーであるオペルが始めたビジネスで、個人所有車のシェアリング・サービスに大手自動車企業が参入したことで話題となった。

ドイツの自動車産業界が、相次いでカーシェアリングや共有経済の新ビジネスに参入する背景には、未来の自動車産業の課題が反映されている。単にクルマを個人に販売するだけでなく、クルマが社会全体の中でどう存在すべきか？　そのひとつの答えが、カーシェアリングによるモビリティ社会の再構築なのだ。

ＢＭＷのカーシェアリングが若者のクルマ離れを防ぐ⁉

ドイツではUberやAirbnbの参入が制限されている。Uberはタクシーへのアプリだけが認可され、一般のドライバーがタクシー業界を脅かすライドシェアは認められていない。いずれも、過激な民業圧迫はドイツの本心ではなく、既存産業が直面する「イノベーションのジレンマ」は、個々に企業が自ら解決していく課題である。

ダイムラーやフォルクスワーゲンなど、ドイツの主力自動車会社が世界に先がけて始めたカーシェアリングビジネスは、ドイツ国内にとどまらず、今や世界各地に拡張している。なかでも、ＢＭＷが市場参入したDriveNow〔註一〕は、ここベルリンでは圧倒的な支持を得ている。半径五〇〇メートル以内にクルマが見つかる、というのが謳い文句で、事実、急にクルマが必要になれば、専用のスマホ・アプリで周辺のクルマを探し、専用カードがクルマのキーになり、面倒な手続き不要でクルマをシェアできる。

駐車スペースも地下駐車場や専用駐車ゾーン以外なら、市内どこでも停められる。これは、ＢＭＷがベルリン市に包括的駐車料金を支払うことで実現できたことだ。今や、新たな「公共交通」となったDriveNowは、そのスマホ・アプリの使い勝手の良さもさることながら、クルマがどこにいても見つかり、駐車代、燃料代、保険料などの諸経費も一切、最初の標準登録料で二九ユーロ、その後は一分三三セントの追加料金に含まれており、その利便性が市場拡大を支えている。

アプリの内部では、都市の各地域にどれだけのユーザーがいて、ベルリン市内に配置された一，三〇〇台のクルマの可動範囲や駐車位置などが、ネットワーク・サイエンスにより常に分析されている。それにより、ユーザーとクルマとの最適な接続環境が持続的に設計されるのだ。偏在するクルマと偏在するユーザーは、アプリを通して直接つながる。

DriveNowのホフェリック最高経営責任者（CEO）は、ロイターの取材に答え、同サービスを利用した顧客の三八％が自家用車を売却し、クルマを保有し続けることを決めた顧客は二〇％にとどまったことを明らかにした。同CEOは、同サービスがBMWの既存購入層を侵食していないと説明。「典型的なBMWドライバーは五〇歳以上だが、（カーシェアリング事業の）顧客の平均年齢は三二歳だ」と述べた。

ベルリン市の人口は三六〇万人、そこに一，三〇〇台のクルマが配置されただけで、多くの人々のクルマ利用のニーズを満たしている。DriveNowのロゴマークには、クモの巣（Web）が描かれているが、これはネットワーク化されたクルマと人々との双方向のつながりが、どれだけ無駄なくクルマを利用できるかを一目で表現している。

実際ベルリンの街を歩いていると、このDriveNowのクルマと頻繁に遭遇する。アプリを開けば、歩いていける距離にクルマが見つかる。従来の所有するクルマではなく、皆とシェアするクルマというパラダイム・シフトは、それほど簡単なことではなかったはずだ。ベルリン市はこの新たなクルマのコンセプトを、環境問題解決や都市交通網の最適化に貢献すると判断した。道路交通法を抜本的に変え、これらの新規ビジネスの参入障壁を取り除き、かつ都市環境問題の解決に取り組むという、企業、市民、行政のそれぞれが価値共有（シェアリング・バリュー）に成功した事例となったのだ。ここにもトップダウンとボトムアップの連携がある。

同時に、既存の自動車産業とユーザーコミュニティが直接つながることで、異業種との企業間コラボレーションも生まれていく。今やクルマは、道路の上にあるだけでなく、インターネット（ソーシャルメディア）の上に存在している。クルマを所有する人が減少するなか、特に若者たちのクルマ離れは世界の先進国で顕著となっている。クルマが所有するだけの選択肢に留まっていたなら、若者たちはクルマの免許すら取得しないかもしれない。しかし、クルマをシェアする時代が到来したことで、若者たちはクルマの免許を取得しようとする。

最近では、電気スクーターのシェアリング・サービスも急速に増えてきた。COUPというこのサービスのビジネスモデルはDriveNowとほぼ同様で、街中で乗り捨て自由、アプリで身近なスクーターが見つかる仕組みである。三〇分三ユーロで、その後一〇分ごとに一ユーロが加算される。手軽な移動には全くストレスがない。クルマ、スクーター、自転車と、シェアリングのモビリティが公共交通として機能し始めている。

カーシェアリングビジネスへの参入によって、クルマが売れなくなるのではという懸念も産業界にはあった。しかしドイツの自動車産業界は、カーシェアリングを敵にするのではなく、未来の自動車社会の味方にしたのだ。今、カーシェアリングで若者たちのクルマ離れを食い止め、いずれ彼らはクルマの購入者になるだろう。この懸命な選択は評価されるべきである。それは、今やクルマもソーシャル（社交する）メディアであるからだ。

タクシーのソーシャル革命

ドイツを中心に、欧州各地に広がるタクシー革命と称されるサービスも急成長している。ここベルリンのタクシー業界でも、mytaxiという優れたソーシャルサービスが急速に普及してきた。すでに世界で一，〇〇〇万人のユーザー、四五，〇〇〇台のタクシードライバーと直接つながったこのサービスは、二〇〇九年に始まり、今や国際的なタクシー業態を再定義するほどに成長している。mytaxiは当初は小規模なスタートアップから始まり、二〇一四年、欧州タクシー車両のシェアで大多数を占めるダイムラー社の一〇〇%子会社となった。コンセプトは端的で、タクシードライバーとユーザーとをスマホ・アプリを通して直接つなげることだ。

これまでベルリンでタクシーを必要とする場合、路上で見つける、配車サービスに電話するなどのやり方だった。しかしmytaxiの登場で、スマホユーザーは、自分が今居る場所からアプリを起動し、タクシーをオファーするだけで、周辺のタクシーがそのオファーに応える。すると、アプリの画面には、ドライバーの名前、車種、そして何分で到着するかがすぐさま可視化され、到着まで三分と表示されれば、正確に地図上のタクシーがユーザーの場所にリアルタイムに近づいてくる。

当然、ドライバー側にもユーザーの名前や電話番号が届いているので、ドライバーが到着する前に電話でのやりとりもできる。ドライバーがユーザーの場所に到着すると、初対面であるにも関わらず、互いに親和的なつながりが生まれていて、タクシー乗車への不安感なども払拭されてしまう。つまり、ドライバーもユーザーも、互いの情報を最低限共有していることから、互いの信頼関係が担保されるのだ。

これは従来のタクシーと乗客の関係性を著しく改善し、ドライバーにとっては乗客との接触可能性を増大させ、乗客にとってもタクシーを見つけられないという不安から解放された。

ドイツのみならず、市場アクセスの自由化がもたらしたタクシー車両の大幅な増加は、車両の利用率の低下につながっていた。さらに運賃価格は規制緩和により上昇し、タクシーサービスの質は品質基準のない市場の中で劣化する傾向にあった。そして、ドライバーの利益は市場自由化により大幅に削減され、その結果ドライバーは、同じ収入を達成するために長時間働く必要があったのだ。

mytaxiの革命とは、これら既存業態の抱えるさまざまな矛盾を、道路上のモビリティという観点からでなく、偏在するユーザーコミュニティのニーズと偏在するタクシードライバーとを直接つなげる情報モビリティ・マネージメントによって、一気に解決したことである。

ソーシャルメディアがクルマ業界を救う

今やドイツのクルマ社会は、劇的な変革期を迎えている。既存産業が新たなメディアや技術革新によって取り残され、縮小するという不安は絶えず話題となる。インターネットやソーシャルメディアの革新が、自動車産業を窮地に追いやるという構図は、若干変更されなければならない。ドイツで起こっている自動車産業界の取り組みは、次代の経営がインターネットを介したソーシャル・コミュニティと不可分な関係にあることを物語っている。

企業の製品・サービスが、直接ユーザーコミュニティとつながることは、従来の広告やマーケティングでは達成できないことだ。企業は顧客をソーシャル・コミュニティとして認識し、それを企業のチカラに変える必要がある。たとえ個人所有のクルマ社会が終焉するかもしれないという声があったとしても、ではクルマはいかに社会の中で生き続けることができるのか？　その解決策も、ユーザーコミュニティとのつながりの中から生み出されていくはずである。

ドイツの大手自動車産業が、次代のクルマ社会のあり方を、次の時代を担うユーザーの意識や振舞いから学んでいるように、社交し流動するユーザーコミュニティと直接接続することは、従来からの既存産業に必須な要件となっている。

2 ベルリン発フィンテック革命

フィンテックとは何か?

フィンテック(Fintech)革命は、二〇〇八年の金融危機から、銀行のお金より人々のお金をどう守るかに大きく舵を切ってきた。職を失った金融部門の従業員はIT専門家と協力して、人々のお金の問題を解決するスタートアップを立ち上げた。伝統的な銀行が唯一の金融システムではなくなった今、支店もATMも所有しないデジタル銀行が快進撃を続けている。ベルリン発、欧州で急成長するモバイルアプリ・バンキング「N26」成功の秘密を探ってみよう。

イノベーションのジレンマ×「Uberの瞬間」

今、金融の世界は根本的な変化に直面している。一九九七年、ビル・ゲイツは「銀行業務は必要だが、私たちが知っている銀行は容易に消えるだろう」と予言した。実はこの数年で、米国と欧州の数千の銀行支店が閉鎖されている。次の一〇年で数百万人の銀行員が路頭に迷うおそれがある。他の業態と同様に、金融業界にもソーシャル化、シェア経済の大波が押し寄せていのだ。

デジタル技術やユーザー経験（UX）デザインの成熟により、多様な業態がモバイルデバイスを通じて、顧客の支払い環境を変化させている。グーグル、アップル、フェイスブック、アマゾンなどのIT企業が、独自の顧客基盤に新たな金融サービスを提供し始めれば、取引コストは無料化され、金融サービスプロバイダは支払い業務の本流ではなくなる。

一九八〇年代に確立された銀行の支店業務も、今や顧客との関係構築の唯一の場所ではない。銀行自体がスマホのアプリとなり、AIアドバイザーが顧客に最適な資産運用を提示し、リアルとオンラインの境界が曖昧となることで、従来の銀行は大きな圧力を受けている。さらにフィンテックの台風の目であるブロックチェーン技術は、インターネットがそうであった以上に、現行のあらゆる産業に破壊的なイノベーションを引き起こすと予測されている。

ビットコインやイーサリアムのような投機的な新興市場に加え、何より、「イノベーションのジレンマ」を乗り越えながら、将来、ブロックチェーンが本当に伝統的な金融業界の「友人」になり得るのかに注目が集まっている。これは、金融ビジネスの仕組みの根本的な変革を意味し、もはや業界が無視することのできない技術だからだ。

情報技術はメディア、小売業、そして最近ではホテルの客室やタクシーの需要と供給までを混乱に陥れている。そしてそれは、銀行も同じだ。世界各地で起こっている、「Uber の瞬間（Uber moment）」と呼ばれる新興企業による破壊的イノベーションの侵入は、銀行業界の脆弱性を露わにしている。二〇一五年の世界経済フォーラムで、イングランド銀行総裁マーク・カーニーは、銀行部門が「Uber型の侵入」に対して脆弱であり、その状況は切迫していると指摘した。

彼は、この変化を推進する力を否定できないとも述べている。全産業に及ぶ破壊的創造とみなされるブロックチェーンが一〇年先の未来に作用するとすれば、今後二年は明らかに革新的なモバイルアプリ・バンキングの旋風である。

支店を維持するための高コスト負担など、莫大な諸経費を抱える従来の銀行のためではなく、フリーランスやスタートアッパーといった若い世代の顧客中心の立場に立つ「利便性の追求」は、従来の大手銀行を過去のレガシーに追いやっているかのようだ。

数多あるベルリン発のスタートアップの活況のなか、N26［註二］はロンドンやニューヨークといった世界経済のセンターから登場する数々のフィンテック・スタートアップを押しのけ、メガバンクの本社も証券取引所もないここベルリンから、彗星のように出現したモバイル・バンキングである。旧態然としたレガシーがないベルリンこそ、イノベーションが起こる最適な場所なのだ。

口座開設は八分、四年で一〇〇万人の顧客獲得

パスポートとスマホを手元に用意すれば、わずか八分でオンライン口座が開設できるN26は、ドイツを中心に欧州全体で最も急成長している正式な「銀行」である。

マスターカードが使えるATMやドイツを代表するスーパーであるREWEをはじめ、多彩な小売店舗のレジを現金の出入金のための「支店」に変えてしまうそのビジネスモデルは、宿泊物件やクルマを所有しないAirbnbやUberとも似ている。口座維持費や送金手数料の完全無料化を実現したN26は、現在、欧州一七カ国から利用可能で、日々一，〇〇〇人がサインアップしており、一〇〇万人の銀行口座が開設されている。

では、二〇一三年の創業開始からわずか四年ほどで、なぜN26は顧客に支持されたのか。その秘密に迫ってみよう。

まず前提として、欧州で大手銀行の口座を開設するにはかなりの労力が必要だ。僕もベルリンに移住してすぐに、銀行口座を開設する際に苦労した。パスポート、住民登録証明書、雇用契約や雇用主からの給与明細、そして就労許可証などの書類を持参し、支店では複数の書類にサインする必要があるからだ。この作業には数時間が必要だ。

一方、N26の口座開設八分のプロセスは至って簡単だ。N26のサイトから、名前、電子メールアドレス、生年月日、パスワード、携帯番号、郵送先住所、国籍などの基本情報を入力する。その後、N

26は顧客の身元を確認する必要があり、これを行うには、ユーザーは指示されたリンクをワンクリックするだけ。N26は顧客をビデオ認証するIDnowというアプリを介して、顧客のパスポートと顔を写真に撮り、顧客はN26のスタッフからの質問（生年月日、メールアドレス、パスポートナンバー）に答える。このアプリはEUの世界一厳格な個人情報、プライバシー保護政策である「一般データ保護規則」に準拠したもので、EU内のフィンテックやモバイル銀行が次々と採用している。

その直後、スマホに認証確認のパスコードが届くので、それを入力すると全ての手続きは完了である。この段階でユーザーのIBANコード（International Bank Account Number 銀行口座の所在国・支店・口座番号を特定するための国際統一規格コード）が割り当てられるので、早速N26の口座に振込をすることができる。

三日後にはマスターカードと統合されたデビットカードが自宅に郵送されてくる。届いたマスターカードをアクティベイトしたその日から、世界三、六〇〇万カ所でマスターカードが使える。

脱現金と「動くお金」、N26の競争優位

N26が、伝統的な銀行業界に革命を宣言する真の革新とは何か。それは、お金をめぐる「流動性と速度」に焦点があるように思う。強固な現金主義や、貯めることや動かないように制限されたお金よ

り、N26ではお金のオープンな流動性と速度が実感できる。これは、かつてドイツの経済学者で自由貨幣を提唱したシルビオ・ゲゼルの「減価するお金」の考えと共振するのかもしれない。

N26のマスターカードでの支払いは、カードリーダーにPINコードを入力しOKボタンを押して取引が成立すると、手元のスマホに店舗名と支払い金額、取引の時間が瞬時に通知されるので、月末の「カード利用代金明細」を待つことはない。

顧客の出入金や支払いをリアルタイムで通知する技術は通常の銀行やカード会社が保有する既存技術であり、N26の独自技術ではない。ただ、このリアルタイム管理技術が銀行やカード会社の占有ではなく、顧客に開かれたことが革命的といえる。

非現金の振込は無料だが、唯一「現金」の預け入れに関しては月一〇〇ユーロまで無料、それを超えると一・五%の手数料がかかる。実に現金は、最も高価な通貨なのだ。現金は、意匠化と印刷、品質衛生管理と輸送、何より安全な場所に保管されなければならない。これらの「隠された」コストは、ドイツだけで年間一〇〇億ユーロ（約一兆二、四〇〇円）を超え、ドイツ市民一人当たり毎年一五〇ユーロ（約一八、〇〇〇）の負担になると推定されている。

誰もが現金のコストは無料だと思っているが、マスターカードのCEOアジェイ・バンガは、一国の中央銀行にとっての現金は、GDPの〇・五〜一・五%のコストがかかると指摘している。

現金コストからの解放

欧州単一通貨ユーロ紙幣のうち、高額五〇〇ユーロ紙幣を街中で見ることはまずないが、犯罪行為やマネーロンダリングを助長する懸念があるとして、二〇一八年末までに発行が中止される。現金はますます多くの問題を抱えている。

現金は、租税回避取引や違法行為のために選択される金融商品でもあり、欧州中央銀行が五〇〇ユーロ紙幣を廃止する決定は、キャッシュレス社会に向けた明確なシグナルなのだ。現金に隠されたコストは、銀行のセキュリティ、ATM保守などの名目でも負担されているが、しばしば顧客負担に転化する。ほとんどの銀行が最低入金要件を課すか、別の方法でこの隠されたコストを顧客に向けるのだ。

少額でもカードでの支払いを促すN26の戦略こそ、デジタル銀行がめざす「脱現金、現金コストからの解放」である。N26は口座の開設と送金手数料を全面無料化し、外国為替手数料なしで世界中どこにでも送金できる。さらに、N26のユーザー同士でMoneyBeamという機能を使えば「割り勘」も瞬時に送金可能だ。他行への振込みに一回で四〇〇円を超える高額な手数料を徴収する日本の銀行は、事実上人々のお金の流動性にロックをかけており、ここ欧州では銀行として認知されない。

N26の全ての機能はカスタマイズ可能で、プッシュ通知を無効にし、口座をロックすることもATM機能を無効にすることもできる。もちろん、全てを再び有効にするのも簡単だ。カードを紛失した場合、これまで金融機関に電話をし、口座をロックしてもらうプロセスなど、長らく銀行やカード会社が支配していた「権限」がユーザーのものとなった。

もうひとつ、N26成功の最大の秘密は、その優れたUXデザイン（ユーザー経験デザイン）である。N26の創業者兼CEOヴァレンティン・シュタルフは、N26がデザイン、特にユーザー経験に重要な役割を担うユーザー・インターフェースを重視したと述べている。

N26の支持層は、Spotify や SoundCloud を聴いているスマホユーザーであり、少なくとも二日に一度はアプリを開き、自分のお金の流れをリアルタイムに知ることができる。「私たちは実際に顧客が必要とするものに反応することができます。それは非常に重要です」とシュタルフは述べている。

ハッカーとの連携という大手銀行の挑戦

順風満帆だったN26に大きな試練が訪れたのは、二〇一六年一二月のことだった。N26はヒップなデザインと優れたユーザー・エクスペリエンスを優先事項とし、この戦略は顧客数の急激な増加によって報われたが、重大なセキュリティ上の欠陥が指摘された。

世界最大のハッカー組織、カオス・コンピュータ・クラブの年次ハッカー会議「33c3」で、エアランゲン大学のITセキュリティ専門家ヴィンセント・ハウパートが、彼自身のN26の口座から、「黙って私のお金を取ります！」と題するハッキングのプレゼンテーションを行い、N26のセキュリティの脆弱性を報告したのだ。

この指摘を受けたN26は、すぐさまハウパートと密に連携し、万全な対策に乗り出すことになる。特に重要だったのは、将来N26のシステム・バグを通報する世界中のセキュリティ専門家のために、報奨金を支払う「バグ報奨金プログラム」を設置したことだ。

これは、壁崩壊後のベルリンでフロンティアの役割を示したカオス・コンピュータ・クラブをはじめとする公益通報に資するエシカル（倫理的）・ハッカーの存在が、N26のようなスタートアップをサポートするエコシステムであることを示した事例だったのである。

N26はこの事件の後も、顧客の支持を得て急成長を続けている。実際、フィンテックの多くの創業者は、革命がこれからの新しい波の始まりに過ぎないと考えている。銀行中心の考え方から、顧客中心のサービスに移行する能力は、伝統的な銀行業それ自体への挑戦なのだ。

現金文化が根強いドイツで、N26の快進撃は大きな革命を予感させている。というのも、一〇〇万人の顧客はアーリーアダプターの若者たちだけでなく、その四〇%は四〇代以上の欧州市民である。重要なのは、従来銀行とフィンテックは対立するのではなく、本格的な共創段階を迎えているという観点なのである。

3 都市生活を変えるオーガニックな文化

オンライン料理キット宅配ビジネスの隆盛

ベルリンのソーシャル起業家たちにとって、食のプラットフォーム・ビジネスの構築は、今や最大のトレンドとなっている。二〇一四年に創業したベルリンのスタートアップKptnCookは、「三〇分以内で美味しい食事を調理しよう」をスローガンに、料理ブロガーが考案した一日三種類のレシピ（二四時間で更新）をユーザーのスマホに届けるもので、気に入った料理があれば食材キットを購入、自宅への配達も可能である。

ドイツ国内に一三店舗を持つKochhausは、実店舗とオンラインで独自のレシピに基づく料理キットを販売している。ベルリン本社のHelloFreshは、米国、英国、ドイツ、オランダ、オーストリア、オーストラリアの六カ国の市場で、オンライン注文による料理キット宅配で知られている。オンラインでレシピを選び、ベルリン中の点在している引取ステーションに、料理食材の入った袋を取りに行くhome eat homeも人気だ。

こうしたオンライン料理キット宅配ビジネスは、今や世界中に競合乱立している。ユーザーのスマホと直接つながった「食」は、まずアプリとしての完成度（クールなレシピ・コンテント、調理という創造性の喚起など）でユーザーの心を捉え、ユーザーはそのコンテントから料理の品質を想像する。

ここで重要なのは、ユーザーの多様な食への志向にフィットし、かつ明快なレシピ開発と高品質な食材の調達であり、何より、自分で調理したいという創造性の刺激、そして宅配までのロジスティクス、最後に価格も決め手となる。ベルリンだけでも一〇社ほどの料理キット宅配サービスがあるが、それぞれに個性ある食へのこだわりを持っていることから、日によって各社のサービスを使い分けているユーザーもいる。

いくつものスタートアップが、多様化する「食コミュニティ」の市場に焦点を定めているのはなぜか？　その活況は、ここベルリンでは停滞する気配がない。食のスタートアップがターゲットとする市場は、まさにアーティストや若き起業家など、ひとり暮らしや若い夫婦であり、ベルリンのクリエイティブ経済の現場と深く結びついている。ひとり暮らしが多いベルリナーに、フードロスを抑え、創造的な食や安全を届けるベルリンのニーズが、新たなスタートアップを生み出している。

新興国オンライン食品市場の開拓

一方、ハイテク大企業にとっては、世界各地の新興国の食市場もターゲットとなってきた。ベルリンの大手インキュベーター企業であるRocket Internetは、主に米国で成功したアマゾンやAirbnbなど、いくつもの成功ビジネスモデルをコピーして、欧州やアジア、新興国で展開し、それらを成長させては、売却し利益を上げるというビジネスを展開している。

彼らは、食ビジネスで成功したアメリカのレストラン宅配サービスGrubhubを真似たと思われるFoodpandaを二〇一二年に立ち上げた。経済成長を続ける新興国では、食の宅配需要が急速に拡大している。現在Foodpandaは、中東やアジアの新興市場を中心としたオンライン食品注文マーケットプレイスとして、世界五〇〇以上の都市と、三八，〇〇〇のレストランと提携し、個人の家から法人顧客などに、地域のレストランからの食事を運んでいる。

コピーキャット・ビジネスモデル（先行する成功企業のビジネスモデルを模倣し、さらに洗練したビジネスに仕上げる）には、批判の声も聞かれるが、オリジナルのビジネスよりも洗練されたモバイルアプリ技術や大資本の投下によって、よりグローバルな市場でビジネスが拡張されている。世界各地の新興市場に向けた食ビジネスが、ベルリンという場所から展開されていることは驚きだ。

欧州のＢＩＯ革命――食の危機的未来への生活革新

大都市圏の巨大な消費をまかなうために、食品の生産地は遠方の海外にまで及ぶ。グローバル流通時代では、生産地と消費地の距離はますます離れ、地産地消は困難さを増している。食と環境問題、迫り来る食料・水危機、世界共通の膨大な食品廃棄問題など、食をめぐる未来は、決してバラ色ではない。

近年の食をめぐる欧州の動向は、人々のライフスタイル（生き方）の変化に根ざしたイノベーションのように思える。二〇世紀初頭にドイツとスイスを中心に起こった生活改善運動（Lebensreform）や、一九七〇年代以降のカウンターカルチャー（対抗文化）のように、現代においても、世界的なライフ・イノベーション（生活革新）が起こっている。

二〇〇一年、欧州を襲った狂牛病の恐怖や相次ぐ食品スキャンダルを契機に、ＥＵ加盟の各国政府は食の安全を総点検し、多様な食品の安全対策強化に取り組んできた。ＥＵでＢＩＯというのは、オーガニック（有機）を意味しており、化学合成肥料や遺伝子組み換え技術を使わず、動物を適切な環境で飼育し、肥料には抗生物質を含まないものを使うなど、ＥＵ圏を流通するＢＩＯ食品には、公正な基準を満たした食品にだけＢＩＯマークが表示される。

市民の側でも、従来の食習慣を変え、ベジタリアン（菜食主義）やビーガン（完全菜食主義）を志向する人々も急増している。ＢＩＯ大国ドイツで、ＢＩＯ食品を率先して購入する消費者の動機は次のようなものだ。「動物が正当な扱いを受けている」、「有害な物質を身体に摂取したくない」、「健康的な食生活」、「地元の農業を支えたい」、「環境保護のため」など。特に、動物の飼育環境や屠殺の現状に心を痛める人々は多く、自らが動物の肉を食べない＝買わないという意思を表明することが、ビーガン急増の背景にあるといえる。

二〇一五年六月に発表された英国ロイズの調査報告書「食料システム・ショック」によると、「国際連合食糧農業機関（FAO）は、食物供給と需要間のギャップを埋めるためには、世界的な農業生産が二〇五〇年までに、現在の二倍以上になる必要がある」としている。

ドイツの菜食主義運動の歴史は古く、一九世紀末から二〇世紀初頭にかけて起こった生活改革運動は最も有名である。これはドイツとスイスを中心に、工業化が進む社会の断絶を問い質し、人々の自然回帰志向――健康・有機食品、菜食、代替医療、性解放など、幅広い人生改善の運動だった。一九六〇年代、米国のカルフォルニアで起きたヒッピー・ムーブメントにも影響を与えたと言われている。

市場調査研究所のトレンドビューローによる調査「価値インデックス二〇一六」によれば、ドイツ人が最も価値あるものとするのは「健康」、次に「自由」、「成功」、「自然」、そして「コミュニティ」が続いている。「家族」を抜いて「コミュニティ」が五位に浮上してきた背景には、ソーシャルメディアを介して人々が多様なコミュニティに参画している顕著な動向がある。

ビーガンの影響力——既存産業への警鐘

一言でベジタリアンと言っても、動物の肉は食べないが魚は食べる人、卵やバター、ミルクを受け入れる人、そうでない人など、人それぞれにさまざまな規範がある。動物に由来するものは一切食べず、完全菜食に徹底するビーガンを志向する人々の増加は、従来の食産業にもさまざまな影響を与えている。

EU圏内で最大の人口（八，〇〇〇万人）を有するドイツは、ベジタリアンの人口比率も最大で、欧州ベジタリアン・ユニオンの報告（二〇一五年）によれば、一九八三年にはおよそ四五万人だった数が、現在およそ七八〇万人（ドイツ人口の約一〇％）で、九〇万人がビーガン（一．一％）だ。ドイツのベジタリアンの数は、二〇〇六年から二倍以上になっており、ベジタリアンやビーガン向けの食品市場も急拡大している。

二〇一四年、市場調査機関Mintelの報告によれば、世界のベジタリアン向けの食品と飲料は、二〇〇九年の六％から二〇一三年には一二％へと上昇しており、ビーガン向け食品と飲料市場も同年度比で倍増している。ドイツでは大豆ヨーグルトの売上が前年比四三％増、ベジタリアン用の調理済食品の売上は三六％増となっており、欧州全体では乳製品の代替食品市場は二〇％増に拡大している。

英国では、成年人口の一二％がベジタリアンまたはビーガンで、特に一六才から二四才の若者たちは、全体の二〇％に達している。Mintelは英国だけでも、肉抜きの食品市場が、二〇〇九年の五億四，三〇〇万ポンドから二〇一三年には六億二、五〇〇万ポンドに上昇したと見積もり、二〇一四年には六億五，七〇〇万ポンドに上昇すると予測した。この調査では、英国人の約半分（四八％）が環境に優しいという理由で肉抜きの食品に関心を持ち、五二％が健康に優しいという理由で関心を示していることも明らかにしている。

二〇一五年一一月、英国の歴史あるビール会社「ギネス」の発表に衝撃が走った。ギネスをビーガン対応にすると表明し、歴史的な製造方法を変更してまで、ビーガンに支持されるビールを目指すというものだった。これまでギネスは、ビールの製造工程（不純物のろ過）に魚の浮袋に含まれるゼラチン、アイシングラスを使用していたが、これを二〇一六年には植物性成分に変更するとした。二五〇年以上続く独自のビール製法を変更してまで、ビーガン市場に対処する必要があったということだ。

こうした動向は、食品や飲料業界にとどまらず、衣食住全般からあらゆる産業分野に影響が及ぶ。ビーガン志向に強い影響を与えている世界有数の動物保護団体PeTA（動物の倫理的扱いを求める人々の会）の主張は、多くの既存産業にとって脅威とさえなってきた。

「動物は、食料、衣類、実験、娯楽、いかなる虐待のために存在しているわけではない」という標語のもと、PeTAは動物の食肉禁止はもちろんのこと、企業や研究所の動物実験の禁止、動物の革を使う靴・カバン、毛皮や絹を用いる衣料の廃止、動物をエンターテインメント（動物園、水族館、サーカス、狩猟など）に用いることへの反対運動でも大きな影響力を持っている。ここベルリンに暮らしていると、ビールに限らず、あらゆる産業がビーガンへの対応を迫られていく気配を感じる。

ビーガン専用スーパーVeganzの躍進

脱・添加物、脱・化学調味料、フェアトレード、環境問題に配慮した製造・生産過程などの取り組みに加え、創造的な商品開発が新たな世代の支持にもつながっている。ビーガン専用のスタートアップであるスーパーマーケットVeganzは、二〇一一年の創業以来、古典的な食品産業界に次々と革命をもたらしてきた。欧州での第一店舗はベルリンから生まれ、わずか四年で、今やドイツを中心に欧州内に一〇店舗以上を数え、急成長を遂げている。

Veganzは世界三〇カ国以上から商品を輸入し、ヨーロッパ全土でそれらを販売している。植物ベースの独自の商品開発も活発で、現在二六〇のサプライヤーから、四，五〇〇ものビーガン製品を販売している。その中には、肉の代替として有名な「テンペ」を主とした創造的な食品群も人気だ。

私たちが長い間育んできた食習慣や食文化は、そう簡単には変更できない。肉や乳製品を好んできたドイツや欧州の人々が、いきなりビーガンになることは、かなり困難のように感じる。しかし、ベルリンのビーガン食品店やレストランに行って驚かされるのは、肉やソーセージ、バターやチーズ、ミルクや卵、蜂蜜にいたるまで、全て植物だけで作られた代替食品が洗練され充実していることである。これにより、かつては一般の食文化から孤立しかねなかったビーガンへのハードルがとても低くなった。要はこの二〇年で、ベジタリアンやビーガンは市民の普通のライフスタイルとなり、社会の中で自然に認知されている。

ベルリンが「ベジタリアン料理の新首都」に

欧州ベジタリアン・ユニオンの調査によれば、ドイツには現在、約一二二のビーガン専用レストランと二九六のベジタリアン専用レストランがある。その大半はベルリンに集中しており、グルメの味覚にも応えている。米グルメ雑誌『Saveur』は、毎年恒例の「グッド・テイスト・アワード（Good Taste Awards）」を発表しているが、二〇一五年の受賞リストの中に、東京の「世界最高の食の街」、チリ・サンティアゴの「次世代の食の街」などと並んで、ベルリンが「ベジタリアン料理における世界の新首都」として選出された。受賞理由に、次のような一節がある。

「最もアヴァンギャルドな料理の研究所となったこの都市は、まさに最近まで、美食の栄光には縁遠い場所でした。ベルリンは、パリの不屈な美食の血統やバルセロナの壮大な農産物を持っていません。ロンドンのレストラン・トレンドのような、世俗的で裕福な、新規性を愛するような国際的な顧客も欠いています。しかしベルリンは、伝統的な肉料理とベジタリアン料理との完全なる均衡を達成した最初の欧州主要都市なのです。そのベジタリアン料理はユニークで、人気の地産地消の食材の成長とも連動しています。それは、肉を含まない欧州料理の新たな処方箋なのです」

壁の崩壊から二八年、ベルリンはその歴史の記憶とともに多様性を認め合う街である。その土壌と

ソーシャルメディアの浸透による化学反応は、ベルリン特有のライフスタイルやビジネスの苗床を育んでいる。食をめぐる多様性も、既存の食産業に柔軟な変化を促しつつ、実は新たな食ビジネスの開花にもつながっている。多様な人々の多様な声の舞台であるソーシャルメディアの浸透は、社会や産業の新たな底力でもある。

シュプレー川を泳げるプールに！——Flussbad の挑戦

都市環境やその生活を持続可能とするためには、有機的で生物的なエコシステムを学ぶ必要が生じている。かつて都市や組織を構成していたのは、階層的かつ中央集権的だった。インターネットが進化すると共に、脱中央集権化が進み、有機的な組織構成へと変化してきた。今日の都市や組織のエコシステムでは、自然生態学と生物学に参照する「共生」や「共進化」が主要なトピックとなっている。

長い冬を終えると、ベルリナーは春を飛び越え夏到来を心待ちにする。夏の太陽は、冬の厳しさを一気に忘れるほど、ここでは特別な贈り物となる。ベルリンの夏、あらゆる公園が「ビーチ」と化し、人々は日光浴を楽しむ。市内の中心に流れるシュプレー川を、自然の力で浄化し、市民や観光客が泳げる「川のプール」にしようというプロジェクト「Flussbad Berlin」は、すでに二〇年、この計画をあらゆる人々に訴えてきた。

ベルリン市内の博物館島（Museum Sinsel）の南側に流れるシュプレー川は、壁の時代から長らく放置されていた。そこを自然の濾過システムだけで浄化し、自然のプールにしようというプロジェクトだ。全長七〇〇メートル。完成すれば世界最大級の野外プールとなる。これは、川で泳ぐという単なる奇抜なアイデアなのではなく、普通に川で泳ぐという感覚を都市生活が失ってしまったことへの内省なのだ。

人が泳げる水なら安全な水であるという、「認識の再生」がこのプロジェクトの主眼である。その川の水は自分たちが住む街にある。それを市民自身が証明していくというプロジェクトだ。博物館島には、かつて市民がシュプレーで泳ぐことができた公共の水浴場跡が残されている。昔の人は皆、川で泳いでいた。東京の隅田川や荒川も、かつては川泳ぎの場所だった。

社会彫刻家としての起業家

シュプレーで泳ぐ！　それを聞いた瞬間、誰もが違和感を覚えるほど、シュプレーで泳ぐことにリアリティを感じる人は少なかった。この川は泳げる水なのか？　Flussbadの代表であるヤン・エドラーは、二〇年かけてベルリン市民に呼びかけてきたこのアイデアの底力を改めて実感している。ニューヨークのマンハッタンに放置されたかつての高架鉄道線路を改修し、地上の公園として再整備した「ハイライン」のように、Flussbadはベルリンを代表する公共地プロジェクトの最前線だ。ここは、自然のプールとして、観光客も泳ぐことのできる場所となるのか？　その実現は徐々にリアリティを帯びている。

成功するソーシャル・イノベーターの活動は、多くの人に斬新かつ有益なアイデアの種を植え、それらが人々の間で「自生」することにより成長する。結局のところ、アイデアは個人や組織よりも強力だ。こうしたソーシャル・イノベーションの取り組みは、かつてドイツの美術家ヨーゼフ・ボイスが提起した「社会彫刻」の実践につながり、「誰もがアーティストであり、そうでなければならない」としたボイスの格言は、ベルリンの起業家精神に継承されているかのようだ。アート作品を制作するように、新たな社会変革のビジネスモデルを次々と発想する起業家の存在は、ここベルリンでは珍しいことではない。彼らは、過去のヒッピーたちが求めた理想や平和平等主義を社会的起業に組み込み、食や環境・都市問題などの解決を目指すイノベーターなのだ。

ソーシャル・イノベーションの手法

ソーシャル・イノベーションを育成するための最も効果的な方法のいくつかは、人々が自らの生活の有能な通訳者となり、自らの問題の有能な解決者であるという前提から始まる。必要性は新しい可能性に結びついている。実際インターネットの必要性は、社会的な分野に大きな影響を与えるように設定された新しいビジネスモデルのホストを担っている。

商業市場も、ソーシャル・イノベーションのアイデアを促進するための効果的なルートとなる。現代のソーシャル・イノベーションは、商業市場を活用して、カウンターカルチャーのマージンから主流文化へと移行する。ごく限られたコミュニティが生産し消費する経済は、ギフトエコノミーやシェア経済の市場が拡大するにつれ、場合によっては投資家の助けを借りて、ニッチなスタートアップを形成することができる。

次の段階で、主流投資家が現れることで、利益の規模が本当にあるかが判断される。最終的な段階では、物流やマーケティングが動員され、大企業がそのモデルを採用すると、一度はサブカルチャーの限界に留まっていたアイデアが主流の経済に変化するのだ。一九六〇年代後半に起こったヒッピー運動から半世紀、ベルリンのソーシャル・イノベーションやオーガニック産業、そして何よりスタートアップを先導しているのは新世代のヒッピーでもある。

［註一］ＢＭＷとレンタカー大手Sixtの合弁会社によって運営されているカーシェアリングサービス。二〇一一年四月、ミュンヘンで「Mini Coopers」と「ＢＭＷ１シリーズ」の二車種、計三〇〇台でサービスを開始した。ベルリンでは現在、一，〇四〇台が稼働している。

［註二］N（Number）26の意味は、ルービックキューブのコーナー、エッジ、センターキューブの数に由来している。キューブは複雑だが、正しい動きのシーケンスがわかれば、それを迅速かつエレガントに解決できる。適切なアプローチと迅速な動きの組み合わせによって、銀行業務を根本的に改善しようとするメタファーである。

4章

「蜂と木」の同盟

1 多様性と異質性への積極投資

「蜂」の大群

ベルリンの春から夏は、たくさんの蜂と出会う季節だ。カフェやレストランが屋外にテーブルを並べれば夏の到来である。そんな時、蜂はどこからともなくテーブルめがけて集まってくる。日本からベルリンに来た旅行者とお茶を飲んでいた時、数匹の蜂が日本から来た若い女性の、多分甘い匂いめがけて「突進」してきた。彼女は世界の終わりのような大きな叫び声を上げた。周囲の人たちはその光景に一瞬驚き、すぐに和やかに一笑した。蜂がその場を盛り上げてくれた。蜂との出会いは、いつもこんな具合だ。

僕はベルリンの蜂の生態には慣れたつもりだが、この街に来る日本人旅行者にとっては、都心の中でこれだけの蜂と出会うことは滅多にないことだ。「刺すことはないですよ」と言ったそのすぐ後、蜂に刺された人もいたので、思い込みの発言は控えることにした。ただ、僕はまだ蜂に刺されたことはない。自分と蜂との距離感をなんとなく意識しておけば、蜂から攻撃されることはないと思っている。しかし、蜂は貪欲にテーブルの砂糖ケースやケーキめがけて寄ってくる。街の花々だけでなく、人間の生活圏にあるものが、蜂の生存を支えている。

「蜂」はこれまで、資本主義の善きメタファーとなってきた。「巣の中の個々の蜂は私欲の追求に躍起だが、巣全体は豊かで、力強い社会生活が営まれている」と指摘したのは、一八世紀初頭、バーナード・デ・マンデヴィル（一六七〇〜一七三三）というオランダ生まれのイギリスの精神科医で思想家だ。このアイデアの源泉は、彼が書いた『蜂の寓話――私的な悪徳すなわち公益』（原題〝The Fables of the Bees: or, Private Vices, Public Benefits〟一七一四）という著作に遡る。

「蜂」の生命活動を注意深く観察したマンデヴィルは、社会関係の本質を各個人の利益追求を動機とする相互的協力に見いだした。一般に悪徳とされる個人の利己的な欲求充足が、結果的に社会全体の利益につながると主張した。アダム・スミスの「見えざる手」につながる経済観を先取していたマンデヴィルの思想は、後にデヴィッド・ヒューム、アダム・スミスなどといった一八世紀を代表する思想家たちに継承され、ジョン・M・ケインズやフリードリヒ・ハイエクなどといった二〇世紀の経済学者たちにも高く評価された。

創発的自発秩序の街

自発秩序（Spontaneous Order）や自己組織化という言葉は、ベルリンという都市を考える上で重要な観点ばかりか、実際の都市の成り立ちやその変化の動向を表している。無秩序状態において、外部からの制御なしに秩序が自律的に形成されることが自発秩序や自己組織化である。これはベルリン政府によるトップダウンだけではなく、ボトムアップのソーシャル・イノベーションとも重なっている。ベルリンにおけるスクワットや廃墟の中から自立していったアーティストやDJたち、そして現在のスタートアッパーたちこそ、現代の「蜂」である。

「人が達成した最大のものの多くは、意識的に志向された思考の結果ではなく、多くの人が意図的に調整した努力の産物でもない。それは、個人が完全に理解できない部分を演じる過程なのである」と、フリードリヒ・アウグスト・フォン・ハイエク（一八九九～一九九二）は述べている。ハイエクは、オーストリア・ウィーン生まれの経済学者、哲学者だった。彼は経済学、政治哲学、法哲学、さらに心理学にまで渡る多岐な業績を残した。二〇世紀を代表する自由主義の思想家で、ノーベル経済学賞の受賞者でもある。

ベルリンは創発的自発秩序（Emergent Spontaneous Order）の街である。「創発（emergent）」とは、部分の性質の単純な総和にとどまらない性質が、全体として現れることをいう。部分的な相互作用を持つ、もしくは自律的な要素が多数集まること（異質性と多様性）によって、その総和とは質的に異なる高度で複雑な秩序やシステムが生じる現象のことだ。与えられた条件からの予測や意図、計画を超えた構造変化や創造が誘発されることである。

生物学や複雑系の物理学、社会学などでも使われている言葉で、「物質の凍結（相転移現象）」や「細胞の集まりが生物（生命現象）」、「新種生物の突然の発生（進化論）」や「アリが巣を作る（群知能）」こと も、「市場におけるバブルの発生（経済学）」といった「要素に還元できない現象」のことを言う。現代ではＡＩやビッグデータ解析がこの非要素還元ともいえる。

これに対し、中央集中管理秩序は、膨大な一般知識を活用する仕組み（集合知）にはならず、少数の政治家や官僚による支配を伴うものだ。日本を含め、多くの国のシステムがこの仕組みである。しかしベルリンは、この集中管理秩序のあり方を内省し、自律する街である。それは意図的な調整の努力でもなく、ベルリンという街が時々にそうしてきたのだと言う以外ない。

さらにベルリンは、同質性社会から異質性社会への積極投資を行ってきた。それは移民難民の受け入れ政策からスタートアップの誘致政策まで、ドイツのパスポートを持っていない外国人を多数受け入れる街である。異質性が多様性と寛容性を生む。日本のような同質性の強い国では、コミュニケーションにもハイコンテクストな暗黙知が通用するかわりに、一旦異質性の集合である多様性と向かい合うと、いきなりローコンテクストのコミュニケーションにも手間を取るということがある。だから日本企業が海外進出を試みる時、同質性とハイコンテクストが海外では通用しない。むしろそれが大きな障壁を生む。異国の文化や異質性を十分に理解することが、日本企業に求められている。

ベルリンが異質性社会に多大な投資を行ってきた理由は、やはり多様性の確保が自己組織化をドライブさせる主要なエンジンだからだ。シリアからの難民受け入れも、海外からのスタートアッパー、アーティスト、フリーランスの受け入れなど、この街の隅々に「異質」で多様な人々が住んでいる。こうした異質性や多様な民族構成を進めるドイツ政府は、これを「未来への投資」と呼んでいる。

しかし近年、世界的な国内主義の台頭が、寛容すぎる難民受け入れに反対している。二〇一七年九月に行われたドイツ連邦議会選挙でも、「ドイツのための選択肢」（AfD）が躍進し、議席を獲得した。旧東ドイツ地区では、第二党の獲得表を集め、移民難民政策の見直しを要求している。二八年に及ぶ壁の時代に、外界と隔離されてきた旧東ベルリンの人々にとって、難民受け入れより、まず自分たちの生活だと主張しているのだ。いずれにせよ、寛容な難民政策を継続するメルケル首相の続投が決まったドイツで、難民問題がどのような展開となるのか、世界が注目している。

2 蜂と木、そして悪玉のイナゴ

蜂と木とイナゴ

ソーシャル・イノベーションは、社会の問題解決能力を向上させる方法である。それは、一般市民から社会に存在する偏在的なインテリジェンスを動員するための、官民による新旧の方法を再検討し、その双方を有機的に連携させる。政府や行政機関は階層的で古い制度と見なされてきた。しかし欧州では、行政機関の社会変革への取り組みは洗練されてきており、ビジネス・イノベーションに精通した新世代の政治家や行政関係者は、過去の権威的で断片的な父性主義と決別し、ソーシャルなプロジェクトに資金を投資する最善の方法を模索している。

成功したイノベーターの多くは、官民の境界を越えて活動することを学んでおり、これらは「蜂と木」というメタファーで語られる。小規模な組織や起業家は、素早いフットワークで相互受粉する「蜂」で、根を土壌に深く張る「木」は大企業や政府組織だ。その木が持つ弾力性と規模が、蜂との効果的な提携を実現する。ソーシャル・イノベーションの成功は、「蜂」と「木」との間の同盟に依存している。「蜂」は、新しいアイデアを持ち、迅速に交配が可能な小規模な組織、個人だ。「木」は、斬新な創造性という意味では不足があるが、物事を起こすための根と規模（立法権限や資金、ネットワーク）を持つ政府、企業、またはNGOのような組織である。どちらもお互いを必要としている。

ベルリンのエコシステムにおいて、「蜂と木」はさまざまな局面で同盟を結び、社会的な課題と向き合ってきた。例えばベルリンを代表する都市経済は文化観光と音楽産業であり、その経済活動は近年のクリエイティブ産業やスタートアップの上昇を生み出す舞台でもある。それを支えるための「蜂と木の同盟」は、ベルリン市と民間との共創を強化してきた。

もうひとつ、忘れてはならないのがイナゴだ。これは悪しき資本主義、捕食者としてのグローバル資本主義のメタファーである。イナゴ種の昆虫は特定の状況下で急速に増加し、それまでの行動や習慣が変化し、凶暴な捕食スウォミング行動に至る。猛禽の群れへの変態は一〇億からなる群れで、一平方キロメートル当たり最大八，〇〇〇万匹（平方マイルでは二億）の集団で、数千キロ四方の領域にわたって広がり穀物を一瞬で捕食する。このことから、グローバリズムや国境を難なく超える捕食的なグローバル資本主義を表している。

イナゴは、何千年もの間、欧州では聖書とコーランの両方に現れ、環境と人間の生活を破壊する力として恐れられてきた。現代ではグローバル資本主義による略奪、捕食のメタファーだ。いかに蜂に力を与え、イナゴを抑止することができるか？

ベルリン・クラブ・コミッション

ベルリンの「蜂と木の同盟」の成功例となったのが、クラブ・コミッション・ベルリンだ。この官民共同の組織は、二〇〇〇年以降、ベルリンのクラブシーンの送話口として、コンサルティング、広報とネットワーク形成を通してクラブカルチャーの可能性を支援してきた。このクラブ・コミッションと連続して、二〇一三年、ベルリン上院はドイツで最初のミュージック・ボードを設置した。ミュージック・ボードのゴールは、ベルリンで活発化するクラブやポップス・シーンを支え、都市の文化的で経済的成長を強化、新たな音楽ビジネスや他の産業との相互作用を強化することにある。

ベルリンにおけるビジネス創出と技術開発、企業や投資家、科学研究機関のための「ベルリン・パートナー」は、ドイツ上院経済部門のイニシアチブでデジタルとクリエイティブ経済をサポートしている。音楽業界を含むICT、クリエイティブ産業の成長分野のために、ベルリンを拠点にした企業の競争力を支援している。こうした行政機構と民間の共創プロジェクトも、ソーシャル・イノベーションを促進するエコシステムを形成している。

ベルリンにおけるクラブカルチャーは、市内の音楽産業全体にとって重要な基盤となっている。クラブ訪問者の半数は観光客で、ベルリンの観光収入を増大させ、テクノツーリズムを牽引する場だ。ベルリナーにとっても、多彩なコミュニティの社交の場であり都市の生態系として定着している。クラブ経済を含むベルリンの音楽産業は、音楽レーベル、コンサート&イベント、技術提供などの関連産業を含めると、総計二，一〇〇社に働く一四，〇〇〇人以上の従業員によって、年間一〇．二億ユーロ（約一，二四〇億円）の収益を上げている。

ベルリンのみならず、世界のクラブカルチャーの頂点とされるクラブ「ベルクハイン」は、OSTGUT（一九九八～二〇〇三）というクラブを源流として、ベルリンの中心部に流れるシュプレー川沿い、旧東ベルリンの発電所跡地を活用したテクノの大聖堂とも呼ばれている。天井高が一八メートル、メインホールに一，五〇〇人を収容し、他にもハウスを主とした「パノラマバー」などが複合空間を形成している。Ostgut Tonという音楽レーベルも運営するベルクハインは、二〇一五年に六九四万ユーロ（約八．四億円）の売上を記録している。

ベルクハインはこれまで、娯楽施設に課せられる一九％の税金を支払っていた。ベルリン・フィルのような文化施設は七％の税負担だ。二〇一六年、ベルクハインはベルリン・フィル同様の「文化施設」の地位に格上げされ、事実上の減税を勝ち取った。ベルリンのクラブカルチャーを牽引してきたベルクハインが、地下のテクノパーティーから離陸し、名実ともにベルリンを代表する文化空間として評価されたのだ。

地下のテクノパーティーから生まれたベルリンのクラブシーンが、今日のように社会的にも経済的にも重要な都市の文化資源として評価されるまでには官民の連携、まさに「蜂と木の同盟」が必要だった。「クラブコミッション」の設置は、ベルリンの夜間経済にとっても、デジタル音楽系スタートアップにとっても重要だった。クラブコミッションには、ベルリン市当局をはじめ一四〇以上のクラブ事業者が参加し、クラブ文化の健全な発展と成長を官民一体でサポートしている。

身近な道具箱

その中で「身近な道具箱（Kiez Toolbox）」と呼ばれるクラブ運営の具体的なサポートの仕組みは特に重要だ。クラブ経営のコンサルからプロモーション、電気、暖房、音響、吸音、トイレ、廃棄物、税金・会計、地域住民との関係性に至るまで、クラブの騒音問題や住民とのトラブル解決までをサポートし、クラブに関係するさまざまな専門業者の斡旋や経営相談までを行っている。ベルリン市にとっての文化経済の支柱であり、ベルリンに三〇〇はあるクラブ事業者が競争を生き抜くためにも、官民双方の努力が必要なのだ。

ベルリンは近年、欧州で最も精力的な音楽産業のハブのひとつになっている。それはスタートアップのためにも非常に魅力的だ。MAGIX、Native Instruments、Ableton のような最先端の音楽ソフトウェア・ソリューションを提供するソフトウェアメーカーを筆頭に、SoundCloud のような音楽共有プラットフォームは、インターネット上での急成長企業である。これらのスタートアップの成功は、何よりクラブ文化なしには語ることはできない。二〇一六年、世界中に広まったバイラル映像アプリ Dabsmash などの成功も、シュプレー川沿いだけで二〇〇社はあるといわれるデジタル音楽系スタートアップのエコシステムから出現し、当然クラブカルチャーと密接な関係を持っている。

これまで見てきたイノベーションの出発点は、満たされていないニーズと、それがどのように満たされるかというアイデアの発見だ。ソーシャル・イノベーションとは、社会的目標を達成するための新しいアイデアであり、問題が悪化し、システムが機能していないとき、あるいは組織が現在の問題よりも過去に引きずられているときにこそ、イノベーションは不可欠なのだ。英国の歴史家トーマス・バビントン・マコーレーは次のように書いている。「絶え間ない不満が、絶え間ない改善を生む」と。

蜂と木をいかに繋ぐのか

「蜂と木のパートナーシップ」を形成することは、既存のビジネス組織や社会起業家双方にとっての成長を促す新たな手段となっている。英国のシンクタンクNEST代表のジェフ・ムルガンは、創造的なアイデアを持つ小規模な社会起業家「蜂」と、政府、企業、大規模なNGO、慈善団体などの確立された組織「木」の間のパートナーシップを提案するために、最初に「蜂と木」のメタファーを用いた。「蜂」には資産が少なく、「木」には創造性が乏しい。ビジネス組織は、社会起業家が始めたソーシャル・イノベーション・イニシアチブと同盟し、それらを拡大することができる。

しかし、この種のプラットフォームには注意が必要だ。蜂と木は二人の異星人のようなものなので、それらをまとめるだけでは相乗効果は期待できない。さらにトップダウンとボトムアップの連携と、言葉では容易いことも、いざ実際に実現するのは容易なことではない。主な理由は、確立された組織が階層と連鎖を持っていることだ。上級管理職がソーシャル・イノベーションのアイデアを好んで支持しても、通常は社会起業家と仕事をするのは中間管理職だ。マネージャーは、社会問題を見据えて解決するためのコアビジネスを理解する。それは決して彼らにとって馴染みのない仕事ではない。一方、社会起業家は情熱を持ち、速く動けるが、しばしばルールや手続きを嫌う人たちだ。

ソーシャル・イノベーション・イニシアチブの最終的な顧客またはユーザーに利益をもたらす共通の目標を設定し、相互の信頼関係を構築し、人々の間の障壁を解消できるファシリテーターが必要だ。チームメンバーは共通の言語と方法論を必要としている。さらに、チームが一緒に学ぶためには二つのことが重要だ。

最初はデザイン思考だ。チームメンバーが潜在的な顧客を想定し、従来の市場セグメントでは見えてこない新たな市場を全体で共有することが必要となる。デザイン思考は、ビジネスマネージャーが理解を得るための概念とツールを提供する。また、構造化された調査やフォーカスグループなどの市場調査を利用して顧客のニーズを把握することもできる。社会起業家は、多くの前提と認識を顧客と共有する。デザイン思考は、ビジネスマネージャーや社会起業家が顧客の側に立って、共感に基づく彼らのニーズをより深く理解するのに役立つ。チームが顧客のニーズを共通に理解したら、アイデアとプロトタイプの作成段階に移行することができる。

次はリーン・スタートアップである。小規模なソーシャル・イノベーション・イニシアチブをスケールアップするために、リーン・スタートアップはチームが新しいビジネスモデルを設計し、テストするのに役立つ。例えば、チームが構築すべきチャネルと顧客関係は何か? ソーシャル・イノベーションが大規模なソリューションに拡大する場合に必要となる主要なパートナーと主要リソースは何か? ビジネス組織がどのくらいのお金を投資すべきか、社会起業家が同意する収入の流れと価格構成は何か?

チームに共通の言語と作業方法がない場合、両者のチームメンバーは簡単に議論を行うことができる。デザイン思考とリーン・スタートアップによって、全ての障壁を取り除くことはできないが、チームメンバーが問題に体系的にアプローチし、そのプロセスをガイドすることが重要だ。

優れた技術、経営資産とされてきたものの「確信や過信」が、新興企業による「破壊的イノベーション」の前では全て無効になり、逆にデススパイラルに陥るというジレンマ。大企業が結局イノベーションに自ら失敗し、崩壊していく様を言う。これは日本をはじめ、世界各地の大企業が共通して抱える課題である。

ベルリンには過去の時代に成功した大企業も、産業的なレガシーもない。このことが、ベルリンにおける「蜂と木」のパートナーシップの障壁を少なくしているのだ。

3　NION、ベルリンから見る「日本」

ベルリンのジャパンタウン計画

暗黙知が日々の会話を支え、高コンテクストで同質性の強い国、日本。日本はなぜ外国の人々を魅了するのか？　ベルリンでも日本への憧憬を抱く人々は本当に多い。真に異質なものの価値は、皮肉にも異質性の街ベルリンでもなかなか見い出せない。多様な外国人や文化のるつぼとなったベルリンで、日本は遠く離れた「外国」だ。先進するホルツマルクトへの返礼を込めたアップデートとして、ベルリンで日本を編集し、ジャパンタウンを作るというプロジェクトが動き始めている。

NION、「ニオン」と発音するこのプロジェクトは、当然、ポスト・メディアシュプレーだ。自然環境に配慮し、シュプレーにソーシャル・ハウジングを含む先進の計画が盛り込まれている。シュプレー川の中心部、ベルリン市が所有するプレミアムな土地約二万平米を九九年リースし、「横丁、歌舞伎座、道場、銭湯、宝島（日本の伝統工芸ワンダーランド）」といった各クラスターの商業空間を備え、NIONに関わるコミュニティーが生活できるアパートや日独スタートアップのインキュベーション施設も設置しようというベルリンのスタートアップで、ここにも蜂と木の連携が重要性を増している。ベルリン政府の理解を前提とした、日本とベルリン・欧州との連携計画である。

日本が二〇二〇年以降、生産労働人口減を軸に経済が縮小することを予見していることもあって、日本企業の欧州進出、日本の若者、起業家の欧州進出も期待されている。まだまだ都市の「のりしろ」があるベルリンや、欧州全域に活路を見出そうとする企業や個人のハブとなることがＮＩＯＮの重要な役割のひとつでもある。その逆に、ベルリンや欧州企業の日本進出のハブとなることも期待されている。

ＮＩＯＮのキーパーソン

ＮＩＯＮはアンドレアス・クリューガーとリョウタロー・ボールドニ・チクシ（日本名・筑紫遼太郎）を中心として、二〇一六年にスタートしたプロジェクトだ。アンドレアスは、クロイツベルク地区のモーリッツ・プラッツのクリエイティブシティ基盤整備で成功を収めた都市計画家として知られている。

アンドレアスは、十数年前には廃墟だったモーリッツ・プラッツに「ベルリン・デザインアカデミー」やクリエイティブ画材、３Ｄプリンターやデジタル印刷の部材・文房具店である「モデュロール」などをはじめ、クリエイティブ産業のオフィスなど、大規模なクリエイティブハブを建設した計画全体のキーパーソンだった。このプロジェクトと連動し、今や老舗のコワーキングスペースとなった「ベータハウス」がモデュロールのすぐ前に設置され、ベルリンで最初の共同都市農園であるプリンセス・ガーデンもモーリッツ・プラッツにやってきた。モーリッツ・プラッツの再生は、官民共同、「蜂と木の同盟」をファシリテートしたアンドレアスの手腕によるものだった。

アンドレアスと共同創業者が、リョウタロー・チクシである。リョウタローは、母親が日本人で、父親がイタリア人、日本、イタリア、英国、ドイツに住み、大学はロンドンで、これまでいくつものスタートアップに関わってきた。彼は四カ国語を話す現代のコスモポリタンで、日本にも八年住んでデザインやマーケティングの仕事に関わった。彼の伯父さんは日本で有名なテレビキャスターだった。すでに亡くなっているが、僕もこの人にお世話になったことがある。一九八四年、世界に圧倒的な影響を与えたドイツの現代美術家ヨーゼフ・ボイスの初来日の時、僕は日本で最初の単独インタビューを行った。当時『朝日ジャーナル』という週刊誌の編集長だったのが、筑紫哲也さんだった。

巡り巡ってここベルリンで、ボイスの「誰もがアーティストであり、またそうでなければならない」という格言をベルリンのソーシャル・イノベーションやスタートアップの環境と重ねて考えていた矢先、ボイスと僕をつなげてくれたビデオ・アートの巨星ナムジュン・パイクと筑紫さんを思い起こすきっかけが、リョータローとの出会いだった。筑紫さんの甥っ子と、ベルリンで最初に出会って以来、僕はＮＩＯＮがなぜここベルリンで構想されたのか？　このプロジェクトが求める核心は何なのかを、なかなか理解できなかった。

なぜＮＩＯＮなのか？

ホルツマルクトに次いで、ベルリンで最も注目を集めるＮＩＯＮには、都市計画からエコ&グリーンテック、デザインに至るまで、数多くのベルリンのスタートアップの才能が結集し、ドイツ人とベルリン人が想起する多様な「日本」がインストールされつつある。これはベルリンに設置されるステレオタイプなジャパンタウンや見本市ではない。日本の心ある起業家や投資家に開かれた計画だが、日本文化や伝統を押し売りするような人々にはこの計画の真意はなかなか伝わらない。「本当の日本」や日本固有の文化を求めるなら、そしてクールジャパンに浸りたいなら、日本各地に旅行して体験すれば良い。ならばベルリンでなぜ日本（ＮＩＯＮ）なのか？

かつてサンパウロやハワイ、サンフランシスコ、ロサンゼルスなどに出来たジャパンタウンやリトル・トーキョーは、日系移民たちが作り上げた望郷の街だった。世界中にあるチャイナタウンも、中国移民たちのネットワークと生活圏としてのエコシステムを異国で形成するためのノウハウでもあった。

しかし、ＮＩＯＮはかつて二〇世紀の日系移民の歴史やニーズを抱える「ジャパンタウン」ではない。そこは、欧州の先端文化首都ベルリンに開設され、世界で最も異質性と多様性に富んだベルリンのための、「欧州の人々を魅了する日本」の集合なのだ。それは、当然、日本が自ら提案する「クールジャパン」の華麗さや、日本人の望郷や文化の優位性を競い合うような見本市ではなく、ベルリンが求める日本なのだ。それはある意味で未来へと続く「ジャパンメッセ」の設置かもしれない。ドイツ国内で一万人規模の日本人人口があるデュッセルドルフは、その街自体がジャパンタウンだ。現在三，〇〇〇人ほどのベルリンでの日本人人口を考えても、ベルリンで「ジャパンタウン」を設置する理由はほとんど見い出せない。日本の若者文化の影響力はいまだに大きいし、クールジャパンという経済産業省の貿易振興プロジェクトは、この二〇年、欧米に多彩な日本の魅力をアピールしてきた。

ルールから「クール」への転換

しかし、自画自賛のクールジャパンから離れ、遠くベルリンから日本を眺めると、日本人が考える「クール」にある種の違和感を覚える時がある。クールは希少でほぼ瞬間的に立ち現れるシーンである。一九九〇年代後半、ブレア政権下の英国で「クール・ブリタニア」が提唱されたのは、イギリスの古い愛国歌『ルール・ブリタニア』への返礼であり、ウィットを含んだ一種のアイロニーを意味していた。「ルール」とは、「統治する、支配する」の意で、これは大英帝国時代の歴史的な立ち位置であったが、「クールなブリタニア」は、かつての重厚長大な産業から、クール（洗練された先進性）を基調としたクリエイティブ産業へのシフトを宣言したスローガンだった。

これが同質性の文化から「クールジャパン」と発信されると、世界に売り出す日本の文化資本の礼賛や、日本人が共有する文化力の宣伝に作用する。だが、世界の個人が日本や日本文化と関われば、彼らが日本に何を求めているかは全くの自由だ。だからＮＩＯＮは、日本人による日本の文化価値とも、クールジャパンからも自由なベルリンのスタートアップなのだ。ベルリンの人々が抱く「日本」とは何か？　これを理解するためには、やはり想像力が必要だ。

何度も日本に行き、いくつもの文化イベントに行って、日本語を習ったベルリン人は多い。現在のＮＩＯＮのプロジェクトの周囲だけでも、日本に関心を持つ人は本当に多くいる。実はこれまで、世界にある「ジャパンタウン」の多くは、日系人の世代交代で現地化している。日本から見れば、海外の「ジャパンタウン」は日本そのものではなく、現地の日系人たちのニーズによって変容した日本に映る。

ＮＩＯＮはベルリンにいる日本人や日系人のニーズではなく、欧州の人々やベルリナーにとっての「日本」を構想するプロジェクトなのだ。ＮＩＯＮのプロジェクト・メンバーの一人で、ベルリン生まれのスタートアップ・ファシリテーターであるマイキ・ハンケは、彼女にとって「なぜＮＩＯＮなのか？」という問いに次のように答えた。

「初めてベルリンから日本を訪れて以来、私はいつも日本文化と私の中で混ざり合った印象ともっとつながりたいと思っていました。私は日本のレストランに行き、いくつかのイベントにも行きました。語学レッスンも受けました。しかし、それは私が探していた感情や満足感を呼び起こしませんでした。

私は昨年東京で六カ月の休暇を過ごし、その最後の週にNIONのプロジェクトを知りました。私はその時すぐに、NIONに反応しました。NIONは私がいつも、すぐに日本に帰ることができないときに夢見ていたものになると思いました。

私は、物理的な空間だけではなく、なんらかのコミュニティに潜入することができる場所でもなく、オタクや食べ物などの「義務」がない場所を探していました。なんらかのエンターテインメント・パークや日本文化への安っぽいアプローチではなく、カフェに座ったり、日本語を勉強したり、友達と買い物をしたり、ハイボールを飲んだりすることが大切です。私のベルリンでの生活で気に入った場所の多くは、私の胸の中の、日本の愛する場所を全て引き起こすのです。

私は、この基本的なアプローチが、私の知っている多くの人々の考えを反映していると容易に想像することができます」

「日本」はすでにここまで欧州の人々の心の中にある。それは、私たち日本人が想像できない「気持ちや体験」という日本の魅力なのだ。クールな日本も伝統の日本も、高級寿司もお好み焼もラーメンも、それは日本が提供してくれる副産物に過ぎない。伝統は、伝承の「守破離」の上で自由に飛躍する創造行為だ。日本はこの「創造する伝統」ゆえに、世界を魅了する文化や経済を創造してきた。ではベルリンや欧州で求められる「日本」とは一体何なのか？　ここに二一世紀を漂流する日本が考えるべき重要な鍵が隠されている。

文化の「壁」を超えて――『ロスト・イン・トランスレーション』

二〇〇四年に公開され、世界中でヒットしたソフィア・コッポラ監督の映画『ロスト・イン・トランスレーション』。この映画の中で、京都にひとり旅に行くスカーレット・ヨハンソンの心象は、現代の複雑な人間関係に疲れた疎外のように見えた。深い孤独と疎外感を抱いた彼女は、一人旅で京都に癒される。そんな旅だと思えた。映画では、AIRの曲がスカーレットの振る舞いと見事に重なっていた。

物語は、初老のアメリカ人俳優を演じるビル・マーレーと、結婚したばかりなのに、夫は仕事中毒で孤独なスカーレット扮する二人のアメリカ人が、「東京」に来たところから始まる。Translationは〝移動〟でもある。二人にとって異国の地「東京」は、あまりにも異質の世界だった。トイレの水は自動で流れ、日が昇るとホテルの部屋のカーテンまでが自動で開かれる。グローバルスタンダードな「パークハイアット」は、決して標準的ではなかった。

さらに、日本では英語がほとんど通じない、役に立たないのだ。異国にて自分を見失う。そんな中、これまで周囲に普通にいた人間は不在となり、東京という大都会で孤独感は日毎に募る。二人は別々に、寂しさを補うために、本国の家族や友人に長距離電話をする。しかし電話の向こうの人たちは、自分たちのことで精一杯で、二人はますます孤独に陥っていく。眠れない夜をホテルのバーで過ごしているとき、耳にした同国人の会話の醜さを互いに感じたビルとスカーレットが静かに出会う。私、僕は、いったい何なのか。大都会「東京」で「自分を見失った」状態は、やがて二人がそれぞれに、新たな自分を見出すきっかけとなる。そのお陰で、今まで見えなかった自分というものが見えてきた。

この映画の本質は「言語」や「翻訳」の喪失ではなく、かつてコッポラ監督自らが体験した、「自分を見失ってしまう不思議な体験」に基づいているようだ。日本でこの映画を最初に観た時に感じたのは、日本という同質性の強い国でのスカーレットの孤独や疎外感の増幅だった。しかしベルリンでまさに外国人として暮らし、NIONのプロジェクトを深く理解してみると、スカーレットの孤独の捉え方が大きく変わった。彼女は言葉が通じない、文化も異なる日本で、やがて疎外を楽しみ、孤独に癒され、愉楽に浸っていたのでは？ と。

カフェやレストランに入っても、電車やバスに乗っても、スカーレットがそうであったように、日本は「外国人」にとって一種の無音状態を提供する。複雑な日本語は耳に入らず、不要で聞きたくもない会話や情報から遮断され、ノイズキャンセリングのようで実に楽な場所だ。〝Lost in Translation〟とは、疎外や断絶自体というより、言語や文化の「壁」を前提とした、「外国人」でいることの愉楽ではないか。その上で人々は、自分が誰なのかを深く考える機会を与えられる。

日本を訪れる外国人観光客の増加の理由を、日本の文化観光や食などに求めることは容易い。一方、適度な外国人対応（最低限の多言語対応やG-mapなど）もあるが、日本は外国人にとって、まさに本当の「外国」なのだ。今やシンガポールも香港も、上海も韓国も、ドバイも欧州も、それほど「外国」ではない。未だに外国人を「好奇」な目で見、彼ら異国の人を優しく迎え入れる日本の人々。グローバル化が世界に浸潤した現代で、西欧人にとっての日本は、パークハイアットに泊まろうが、浅草や京都に行こうが、どこに行っても「外国人でいられる国」なのだ。

その意味で、ベルリンはどこの都市よりも外国人を受け入れ、異質性と多様性がごく当たり前に存在する都市だ。ベルリンのスタートアップ業界では、英語が公用語だ。英語でほとんどのコミュニケーションが通用するベルリンで、ドイツ語が失われる危機があるとして、ドイツ語で話そうという運動もある。ドイツ人の同質性や自分が外国人であることを意識することもなく、皆外国人であることを改めて認識すると、その寛容性と懐の深さに感動さえ覚える。ベルリンは外国人で居れる心地よさのみならず、この場所での起業を支援し、自然と調和する生活基盤を提供する。これはベルリンの都市としての良心や寛容性の本質のように思える。

そんなベルリンが、本当の外国として憧憬を抱くのが「日本」なのだ。ベルリンのＮＩＯＮはどう日本を編集するのか？　プロジェクトは起動したばかりである。

4 共有経済とソーシャルメディア

ベルリンのアパートは共有財

世界の観光・旅行業界に劇的な変化の波が押し寄せている。それは、宿泊業界はもとより、航空予約、観光業全域におよんでいる。その革新の源流は、シェアエコノミー（共有経済）やソーシャルメディアであり、スマートフォンのアプリだ。欧州で生まれ、約二世紀の歴史を持つ旅行代理店も観光業界のレガシーも、街から消えていくかもしれない。手のひらの中で、あらゆる旅行が実現される時代の中で、多彩なスタートアップ「蜂」の進撃が続いている。彼らは巨木やイナゴさえ制覇してしまうのか？

米国ベースの宿泊プロバイダーであるAirbnbの急成長は、世界に「共有経済」の可能性を実感させただけでなく、既存の宿泊業界には、客室稼働率の減少という現実を突きつけてきた。

二〇一六年五月、ベルリン市はアパートでの民泊を禁止する条例を施行した。アパートの民泊を禁止する都市はベルリンが世界初となった。この法律を破った場合、部屋の貸主に対して一〇万ユーロ

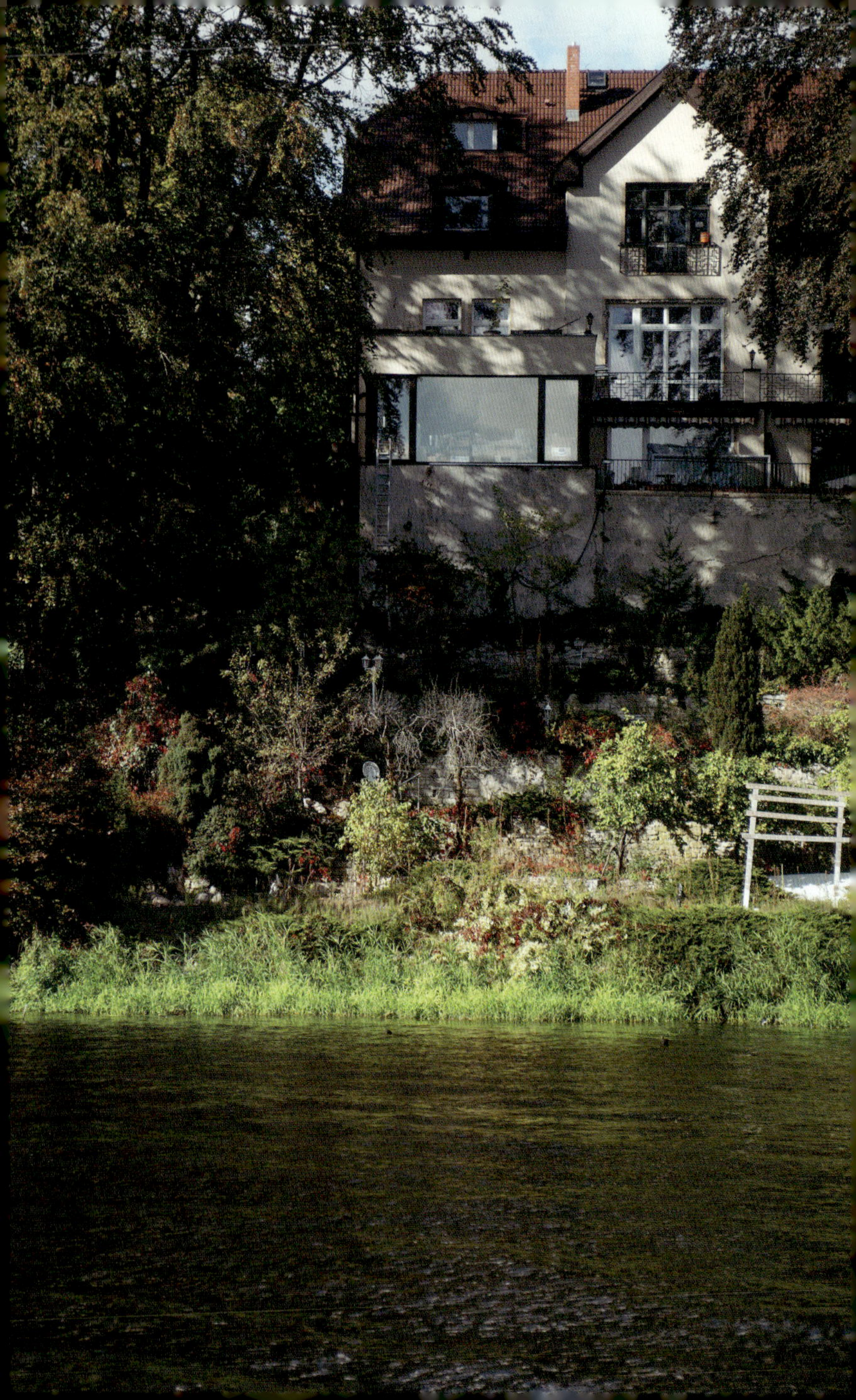

（約一，三〇〇万円）の罰金が科される。同条例の施行を前に、Airbnbに掲載されている貸しアパートは二〇一六年二月時点で四〇%も減少した。この禁止令の影響だ。少なくともベルリンでは、Airbnbや他の短期滞在用レンタル市場の天文学的な上昇は事実上終焉した。

この法律の制定を後押ししたのは、民泊によって窮地に立った既存の宿泊業界を守るという政策ではなく、実はベルリン市内の切迫するアパート不足だった。ベルリンでは、多くの家主が簡単に高収益をもたらす民泊を始めたことで、人口が増え続ける市内の中で、手頃なアパートを見つけることが非常に困難になっていた。こうした状況を受けて、ベルリン市は二〇一四年に民泊を禁止する条例を制定し、家主に対しては施行までの二年間の猶予を与えていた。

ベルリンのアパートの一般的な欠如が、民泊禁止という法律の変更を引き起こした。欧州の他の国よりも厳しいドイツの家賃法（家賃の値上げ率を制限する）の効力で、短期の民泊は、長期の賃貸テナントを見つけるよりも、家主にとってより大きな利益となったのだ。ベルリンでは一度アパートを賃貸すると、家主は勝手に家賃を値上げできない法律があり、そのため物件の流動化が起こりにくい。今でも一〇年、二〇年と同じアパートに長く住む人が多いのは、家賃の値上げが最低限に抑えられているためだ。

僕が三年近く住んだアパートはクロイツベルクの築一〇〇年のアパートだったが、二年間の賃貸契約で家具付きの物件だった。二年経過した時、契約更新をお願いしたが、家賃は二年前に比べ月三〇〇ユーロも値上げされた。気に入ったアパートだったが、契約期間のしばりがある物件は長期の滞在者には要注意だ。同じアパートに、二〇年も住んでいる住人の家賃は、ベルリンの家賃法のお陰で、僕の家賃の三分の一以下だった。成長著しいベルリンでは、手頃な価格でアパートを借りるのは難しくなっている。

しかし、変化は劇的に起こるものだ。まず、ベルリンが世界初の民泊禁止の都市となったことには、この街の生い立ちから説明する必要がある。実は大多数のベルリナーは、家を所有していない。ベルリンの住宅は、壁崩壊後、東西ベルリンの統合の影響もあり、最初は公共資源であり、一時的、あるいは長期的にも、それは所有ではなく共有資源だった。家やアパートを所有し、投資資産とする考えは、ベルリンの壁崩壊後に外資が参入してからのことだ。ベルリンでは今、長期賃貸用の新築マンションが一，〇〇〇戸市場に出ており、中期的には一万戸分の賃貸用新築物件が市場に出る。今後一〇〜一五年では、最大五万戸が建設される予定だ。

確かにベルリンの至るところで新築マンションが建設中で、これからベルリンで暮らす人たちの需要に応えていくだろう。エレベーターも光ファイバーもある新築マンションがいいか、古くから街並みの一部となってきた古いアパートやその周辺のコミュニティに惹かれるかは人それぞれだ。ベルリンの住宅事情が緩和されたなら、築一〇〇年を超えるアパートの民泊も認可が出るかもしれない。そうなれば、旅行者にとってはベルリンの日常生活に触れる絶好の機会だ。

シェアエコノミー（共有経済）とは？

Airbnbは、ホスト（家主）と旅行者を接続し、旅行者がホストに支払う賃料から手数料収入を得る売買プラットフォームだ。Airbnbのビジネスモデルは、欧州で古くからある「パラホテレリー（非ホテル経営体）」に隣接している。Airbnbは、世界一九二カ国、三四，〇〇〇の都市で二〇〇万室の情報を提供し、通算ゲスト数は六，〇〇〇万人だ。しかし、Airbnb自らが所有し、販売する物件はない。伝統的なホテル業とは異なり、Airbnbは在庫を持たず、ホストが提供する部屋と旅行者を増加させ、マッチングさせることで規模を拡大してきた。

Airbnbのホスト（家主）を支援する会社Guestyは、世界各地のホスト向けに、Airbnbコミュニティを成功に導くためのさまざまなサービスや技術を提供している。その中には、旅行者がホストから部屋のカギを受け取る手間を省く電子ドアロック、部屋の省エネ管理、部屋の清掃システムの開発など、既存のホテル業態が持つインフラ部門のように、世界各地のAirbnbホストの品質向上を支えている。このビジネス・エコシステムが、地域に新たな雇用を生み出し、地域社会への貢献にもつながるという事例も、Airbnbの好循環を支えている。

共有経済のもうひとつの一大ビジネスは、世界の各都市で新種のモビリティとして急成長したUberだ。一般のドライバーと客（地元市民から旅行者まで）がクルマをシェア（共有）するという名目で配車を実現する「ライドシェア（相乗り）」は、世界各地のタクシー業界から反発を受け、法的な課題とも直面している。

ベルリン市が下したAirbnbの禁止理由が、単にベルリンの住宅難であったと述べたが、このUberのライドシェアをベルリン市は二〇一四年に禁止した。その理由をベルリン議会は、「無免許のタクシーで乗客を輸送することは、公共の安全にとって容認できないリスクであり、タクシー業界を守るという基本的な役割を果たす」と述べた。Airbnbの禁止も、実は既存業界を守るという、蜂と木の連携であったのかもしれない。

ベルリンのスタートアップは、三章で解説したフィンテックのN26のように、既存の業界を革新する対抗勢力でありながら、既存業界への破壊的影響には慎重だ。そこにはベルリンの経済倫理やスタートアップの理念が作用しているのだ。

今やさまざまな共有経済が世界の消費者から支持されている中、旅行業界もその劇的な変化の渦中から対応に迫られている。

旅行予約の蜂と木

TripAdvisorやBooking.comといった大手ＯＴＡ（Online Travel Agent：オンライン旅行代理業）は、今や世界の個人旅行者のための一大観光交流プラットフォームだ。旅行者の個人レビューが、旅行の予約動機に大きな影響を与えている。OTAは宿泊や航空予約をめぐる売り手と顧客をつなぐ仲介業だが、同時に膨大なユーザー生成コンテントに支えられた旅行全般の情報サイトだ。当然、Google Mapも、世界のホテル予約をはじめ、世界の旅行者の観光交流に必須なソーシャルメディアだ。

OTAの影響下、旅行商品の価格比較や最低価格保証が一般化する中、ホテルや航空料金のレートパリティ(価格均衡化)も加速している。

二〇一〇年の創業以来、世界三六カ国、北米、中南米、欧州で、一，九〇〇以上の都市の一五，〇〇〇を超えるホテルをパートナーとし、一，一〇〇万人がダウンロードしたHotel Tonightは、旅行先の「今夜泊まるホテル」に焦点を当てた宿泊仲介アプリだ。Hotel Tonightは、レートパリティが加速する中、「ラスト・ミニッツ・ディール」で顧客を刺激する。宿泊当日に、高級ホテルの通常価格がどれだけ安く提供されるのか？　その「お値打ち感」が、顧客の心を捉えている。

ベルリン発のスタートアップで、今や欧州最大のマルチモーダル旅行サイトに成長したGoEuroは、これまで不可能だった多様な交通手段を組み合わせ、最適、最安値の旅の交通手段を提供してくれるサービスである。今やGoEuroは欧州でのモビリティマネージメントのインフラとなっており、欧州を旅行する世界各地の旅行者にも人気となっている。

いずれにせよ、共有経済のアクターやスマホアプリで新たなサービスを開拓しているソーシャル・スタートアップにとって、ホテルや既存の旅行業態を破壊することは本意ではなく、ともにWinWinの関係を実現することが、互いを成長させるビジネスチャンスでもあるのだ。ここにも「蜂と木の同盟」を見ることができる。

ベルリンの国際観光交流展（ITB）

毎年三月に、世界の観光（Tourism）・旅行（Travel）業界が結集する世界最大のイベントであるITB BERLIN（Internationale Tourismusborse Berlin：ベルリン国際観光交流展）が、ベルリン市内にあるベルリンメッセ（ベルリン国際見本市会場）で開催される。普段あまり意識することのない「観光」と「旅行」だが、観光とは、人々が異郷の文化や自然に触れたいと欲求する行動の原理で、旅行は「人が空間的、物理的に移動すること」を意味する。その市場全体は観光行動のインフラであり、旅行インフラの整備は、移動、宿泊、飲食、体験、スポーツ、レクリエーションなどにおよび、その全ては観光に関連する。五〇年間続いているITBは、二〇一六年に「トラベル四．〇——旅行業界のデジタル革命」という年次テーマを掲げた。

ドイツが提唱するインダストリー四．〇（Industrie 4.0＝第四次産業革命）［註二］を意識して、旅行業界のデジタル化に焦点をあて、「伝統的な業界が技術の巨人との競争に生き残るため、グローバル観光時代の新たなロードマップを提示する」という挑戦的なテーマだった。

ITB BERLINは、一六万平米を超える広大なスペースに、世界の航空会社、旅行業やIT企業、さらに国ごとの観光キャンペーン主体など一万社がブースを出展し、世界一八七カ国から一二万人が集まるイベントだ。ベルリンはドイツの他のメッセ都市同様、世界中の関係者が結集する大型の見本市がいくつも開催される。ITB BERLIN 2016では、顧客への最適なカスタム旅行を提案するＡＩコンシェルジュや日本企業による接客ロボットの登場なども話題だった。

スマホユーザーが共有経済を生む

世界各地で起こるテロ事件や難民問題など、世界情勢の不安が続く中でさえ、国際観光収入は年々増加しており、「観光」は世界経済の軸足だ。国連世界観光機関（UNWTO）の二〇一五年版観光ハイライトによると、二〇一四年度の国際観光収入は一兆二四五〇億米ドル（約一五三兆円）で、旅行及び旅客輸送は世界のサービス部門輸出額の三〇％に相当している。世界の輸出区分において、観光は燃料、化学、食料に次ぎ、とうとう自動車を抜いて第四位にランクしており、多くの新興国・地域では第一位だ。

二〇一五年の国際観光客（到着数）は一一億八四〇〇万人だった。国際観光客は一九五〇年の二、五〇〇万人から一九八〇年には二億七、八〇〇万人に、一九九五年には五億二、七〇〇万人、そして二〇一五年には一一億八、四〇〇万人と途切れることなく成長を続けており、長期予測「Tourism

Towards 2030」では、二〇一〇年から二〇三〇年までの間に、国際観光客到着数は年平均三・三％増加し、二〇三〇年には一八億人と予測している。世界のスマホユーザーは三〇億人といわれ、二〇二〇年には五四億人に膨れ上がるという予測もある。国際観光客のほとんどが、スマホユーザーだというのは確実だ。

観光・旅行業界に起きている真の変化とは、ひと言でいえばこの二〇年におよぶインターネットの影響だ。その中心にはソーシャルメディアの浸透がある。世界の人々が手元のスマホでつながったことが、「共有経済」を生み出し、スマホアプリによる革新的なビジネスが次々と支持され、それが旅行業界を直撃している。今や観光交流は、ソーシャル（社交）という言葉と同義であり、フェイスブックやグーグルはすでに観光交流業と言えるのかもしれない。

航空会社のソーシャル化

欧州では、ＬＣＣ（格安航空会社）利用が浸透し、かつてスタートアップだったアイルランドのライアンエアーは、世界最大の国際旅客数を誇るまでに成長した。ＬＣＣの格安航空券を瞬時に入手できる時代では、航空予約代理業もその真価が問われる。急成長を遂げた格安航空券の予約システムSkyScanner は、最安値の往復航空券の組み合わせを見つけるユーザーインターフェイスが秀逸で、今やビジネスから観光まで、旅行に不可欠なアプリとなっている。

米グーグルが始めたサービスGoogle Flightsも、観光・旅行業界に衝撃を与えてきた。主要な航空会社の運賃を比較できるだけでなく、利用者は決済システムを持つ予約サイトや、航空会社の公式サイトへ直接移動し、航空券を購入できる。当然、Google Mapを使えば、ホテルから飲食店などの検索とその口コミ評価が表示され、ホテルに関しては即座に予約ができる時代だ。旅行業界に「直販」が浸透しているのだ。

欧米の旅行業界では、既存のSNSの有効活用も進んでいる。特に注目されているのが、KLMオランダ航空の「ミート&シート」という航空券予約サービスだ。FacebookやLinkdInの情報を共有することで、予約時に旅客同士のプロフィールを参照して、共通の趣味や話題で隣の座席の人を選ぶことが可能だ。SNSを自社商品やサービスの告知に活用することより、旅客同士の「つながり」支援に軸足を置いており、航空運賃以外の要素で顧客の定着を図っている。こうした旅客の出会いを航空会社が支援するというのは、企業が顧客コミュニティへのロイヤルティを重視し始めた傾向だ。

コミュニティ市場の拡大

各地を旅する時、ユーザーの位置情報に基づき、今いる場所のコミュニティ情報（建築、歴史、ライフスタイル、飲食、クール&ユニーク、アートなど）を瞬時に知らせてくれるのが、FIELDtripだ。イヤフォンがあれば、歩いている街の解説を自動的に聞くこともできる。

そして、旅の同伴者として欠かせないのが音楽だ。かつての「ウォークマン」そして「iPod」が、旅をどれだけ豊かにしたか。それは音楽業界、旅行業界にとっても革命だった。今ではスマホの中に音楽はもちろん、写真もビデオも内蔵されている。

さらに人々は、ソーシャルメディアへの情報発信を前提に、観光・旅行を楽しむ時代だ。世界で二〇億人のユーザーを有するFacebookでは、自分の旅を表現し、友人の旅の情報をシェアするのは日常のコンテントだ。Instagramで写真を投稿するということも、人々の観光動機はもちろん、観光交流の基盤を支えている。

世界でユーザーが一億人を超えた音楽ストリーミングサービスSpotifyは、観光産業にとって重要なパートナーだ。特に月額九.九ユーロを支払う三〇〇〇万人の有料会員コミュニティは、「音楽」を生活の一部としている人々であると同時に、頻繁に旅をするモバイルユーザーだからだ。

こうしたオンラインコミュニティの潜在的な市場性は、企業の製品やサービスのファンによって構成されるオンライン消費者コミュニティ同様、従来市場が見えなくなっている今だからこそ、注目が集まる。企業「木」と消費者「蜂」が直接つながり、さらに他の業態のコミュニティとも水平的につながることで、将来のオンラインコミュニティ市場は、異業種間の共創とともに新たな経済活動を展開する場として期待されている。

トラベル四．〇という観光革命

ITB BERLIN 2015の講演者であったデュッセルドルフの企業「デジタル変換グループ」の共同創設者であるアルバート・ブレナーは、伝統的な観光・旅行業界の危機を次のように表現した。

「今、スタートアップ企業はソーシャル・メディアスペースを所有します。伝統的な旅行ブランドは完全な地位に甘んじて、消費者との関係構築に取り組んでいません。旅行予約にだけ注力したため、長期的なブランド資産となる顧客ロイヤルティの生成や、ソーシャルなビジネスモデルを忘れた結果です」

彼は最後に、「このままだと旅行ブランドは取り残される」と結んだ。「蜂と木の同盟」がここでも望まれる。

ベルリンの下町、ノイケルン地区のデパート内に、発地型観光を支えてきた伝統的な旅行代理店がある。主に中高年向けの大型クルーズ船パック旅行などを扱っており、顧客は高齢者が多い。旅行代理店不要論に対して、旅の経験知が豊富な専門家による直接のアドバイスなど、まだまだ代理店の役割に期待する声も多い。木を守るのも「蜂」の役割だとすれば、こうした伝統的な旅行代理店を救う手段もスタートアップの役割だ。

今、世界で最も売れているカメラとは、実は「スマホ」である。これと同じように、世界で最も人々が訪れる旅行代理店とは、かつて地元にあった実際の店舗ではなく、人々の手元にあるスマホのアプリなのだ。現在の高齢者市場に生き残りを託すのではなく、伝統的な旅行代理店もリアルな店舗とアプリ双方で、新たな顧客の開拓を行う必要もあるだろう。

トラベル四．〇とは、ＡＩや接客ロボットの旅行業界への影響ではない。一八世紀初頭、英国で最初の蒸気船旅客予約業がはじまり、その後トーマス・クックによる本格的旅行代理業を第一次旅行革命とすれば、第二次は高速鉄道や航空機時代、第三次はインターネット以後のオンライン旅行代理業、そして第四次こそ、ソーシャルメディア型観光革命なのだ。

デジタル化の波は、かつての旅行代理業を変革し、売り手である企業と消費者との直接的な関係を進化させる。観光交流事業そのものが、次代のソーシャルメディアではないか？　その問いと確認が、「トラベル四．〇」の根幹だったのである。

5 食のDJたちがつくるマルクトハレ・ノイン

マルクト（市場）とは何か？

東京の築地市場も京都の錦市場も、日本を知ろうとする外国人が行きたいと思う場所のひとつだ。国境を越えた政治、宗教、言語、信念、そしてそれらを包含する文化や都市の特徴を知るには、地元の食市場に行くことだ。ベルリンのクロイツベルクにあるマルクトハレ・ノインもそのひとつだ。この魔法のマーケットプレイスは、現代のベルリナーの精神性を反映し、かつアジアやアフリカなどのベンダーが地元の職人とともに新たな地元料理の発明に貢献している。

マルクトハレ・ノインは、一八九一年一〇月一日に「ナンバーⅨ」と命名された。ベルリンでは、二〇世紀初め、街中に一四のマーケットホールがあったが、今では三つしか残っていない。残っていると言っても、戦争でほとんどのマルクトが破壊されたので、正確には再生されたものだ。マルクトハレ・ノインはとても特別な場所なので、その歴史から触れておこう。現在の独立した建物に辿り着く前、このスペースは第二次世界大戦による消滅と避けられない商業化から生き延びた場所だった。ベルリンの壁崩壊後、この建物の居住者や支持者が不動産の主要な部分を、不動産開発業者やスーパーマーケットチェーンの侵食から守るため、長年にわたり多くの戦いを繰り広げた。マルクトハレ・ノインは、古い時代のミッテにあったアッカーホールのように、スターバックス・カフェが併設されたスーパーマーケット、レーヴェになっていたかもしれない。

マルクトハレ・ノインのイベントカレンダーは、ベルリンの最高の食の祭典を世界の人々に定期的に提供している。イベントは最高のプログラミングと、この街のプロデューサーを結びつけ、革新的なアイデアを次々と生み出してきた。「食のイノベーション」や「食のDJたち」と呼ばれるスタートアッパーは、新たな時代のベルリン料理の震源地を生み出した。

毎年、都市とカントリーフード・フェスティバル（Stadt Land Food Festival）、チーズ・ベルリン、ソーセージとビール（Wurst & Bier）、そして有機農法やバイオダイナミック農法により栽培されたブドウを原料とする自然派ワインの祭典（RAW Wine Fair）が開催され、毎月、朝食市場（The Breakfast Market）も開催されている。毎週木曜日のストリートフードのイベントシリーズはベルリナーに大人気だ。

なかでも都市とカントリーフード・フェスティバルは、「都市、カントリー、私たちの食べ物」を主題に、二〇一一年一〇月のマルクトハレの再開以来、単なるフェアフード製品の市場ではない、独自のフェスティバルとして成長してきた。これは、僕らが今後何を食べて、仕事をし、そして生きたいかについての議論の場でもある。「都市とカントリーフード」は、これらの質問を、感覚的に体験可能な祭りに仕立ててきた。週末の開催は意図的に選択された。忙しい都市の人々のために、善き食べ物の重要性を示すこのフェスは、強力なアイコンとなっている。グローバルとローカルに、そして全ての人生の基本的な条件として、欲望、知的活動としても、食べ物は政治的な意味さえ持っているのだ。

都市とカントリーフード

都市とカントリーフードは、二〇一四年一〇月二日から五日にかけて初めて開催された。この四日間、クロイツベルクは、エコロジー、地産地消、フェアトレード商品のための運動の中心になった。最近では、マルクトハレ・ノイン周辺に約一〇万人が集まり、九つのワークショップを通して、食糧生産の課題など、さまざまなテーマと向かい合っている。一七〇のディーラーが商品を市場に提供しており、四〇〇人が最初の「地元協議会」に参加した。三五〇の異なる文化イベントでは、テーマの広範囲で深い次元を探ることができる。

このフェスティバルの第一回は大きな成功を収めた。この運動とエネルギーは継続するための「形」を必要とした。それが、二度目のテーマとなった「アイデンティティ」というスローガンの意味だった。

食べ物は僕らの人生にどんな意味を持つのか？　それは、起源、家族、文化、家庭、そして同様に、僕らが失ったものを物語ることができる。食べ物はアイデンティティだ。アイデンティティと食べ物についてのテーマが、第二回だった。この時、公正な食物循環とその条件についても議論がなされた。

このフェスティバルは、農村農業と食糧生産が抱える課題解決の主な舞台となり、政治対話と革新的な食文化の基盤となっている。マルクトハレ・ノインでは、キュレーターが専門知識を分かち合い、近くの教会での政治会議や、地区全体でのカラフルな文化プログラムを自分自身で体験する。

しかし、これらの素晴らしいイベントが群衆を引き付ける一方で、静かな歩行者が立ち寄る平日にマルクトハレ・ノインを訪れても、素晴らしい固定ベンダーがたくさんいる。近年、マルクトハレ・チームは、初期の店舗のカオスから、常設ベンダーを拡大するために尽力してきた。最近、マルクトハレ・ノインの平日の昼食は、ベルリンの他のレストラン以上にエキサイティングだ。

食のラボ、食のＤＪたち

二〇一一年、マルクトハレ・ノインという名称でクロイツベルクの一二〇年前のクロイツベルクの鉄道マーケットホールを再オープンする前に、ニコラウス・ドリエッセン、フローリアン・ニーデルマイヤー、ベルンド・マイヤーの三人のパートナーは、経済学者、開発援助労働者、文化科学者、農業科学者として活動していた。彼らはベルリンのような都市でどのような食べ物や商材が可能なのかを実証してきた。

マルクトハレ・ノインは、小規模な地域や季節に即した生産者が、都市で成功する可能性があることを示唆してきた。いわゆる地産地消を実践しつつ、創造的な都市の市場を設置することで、都市周辺の生産者と密接につながり、地域の農産物を効果的に料理し、食べることができる。マルクトハレ・ノインは単純な地域主義ではなく、質の高い地方の食材を供給することが一つの目的だ。もう一つはこのような場所の文化的価値である。ベルリンのイメージの一部となり、世界各地の人々が集まり、特別なものを創造する場所だ。ベルリンは芸術や音楽のための都市であると同時に、今や食べ物のための都市でもある。

マルクトハレ・ノインは地域に根ざした食品の市場であるが、グローバリゼーションを完全には否定できない。それは単純すぎるからだ。しかし、多様性と可能性があるにも関わらず、ある日突然、全てがただ一つの大きな塊になり、世界中の食品がまったく同じものとなったならば、それは悲しいことだ。それは人々の人生に、食の味を伝えるための全ての差異をなくしてしまうことに他ならない。

ベルリナーに人気なのは、毎週木曜日に開かれるストリートフードの市場だ。ストリートフードは地域の料理文化の一つの側面だが、ヨーロッパでは国の衛生と規制によって減少傾向にある。ベルリンはストリートフードがうまく収まる場所だ。そして、ベルリンは国際的だ。人々は彼らの過ごした母国の日常の食べ物とその文化とともにここに来る。そして、マルクトハレはそれらを提示するプラットフォームを提供する。日本の「おにぎり」もここではとても革新的で、人気の食べ物となった。サンドイッチのような四角いおにぎりには、自家製の鮭のフレークが大盛りで盛り込まれ、すき焼き風の牛肉もおにぎりの具材だ。少しベルリン風にアレンジされた日本のカレーパンも楽しみのひとつだ。お好み焼きもたこ焼きも、日本のストリートフードはベルリンでも広く知られるようになった。

マルクトハレ・ノインは「現代の食品ラボ」や「食のＤＪ空間」と形容される。食をめぐるスタートアップは、クラブで音を奏でるＤＪのように斬新な食のアイデアを屋台感覚で市民に提示する。そしてある時は、食の科学者や研究者と共に、この場所で食のイノベーションに取り組み、市場の消費者との直接的な交流を通して、食の改善にも取り組む。食の特定の話題が議論される場所としても、講演や映画のプレゼンテーションも用意される。

彼らの日々の実験が、ベルリンの食文化にさまざまな影響を与えつつある。大手スーパーもＢＩＯマーケットも、マルクトハレ・ノインの動向を注視しているだろう。食の蜂たちによって日々進化する巣の中からは、ベルリン発の、食全般におよぶソーシャル・イノベーションが起こりつつある。

［註一］ドイツ政府が推進する製造業の高度化を目指す戦略的プロジェクト。情報技術を駆使して製造業の生産工程を根本的に変え、ＩｏＴ（モノのインターネット）やビッグデータを駆使しながら、「自ら考える工場（スマート・ファクトリー）」をめざすというもの。

CCC
PRIMARK

5章 スタートアップのエコシステム

1 なぜベルリンがスタートアップの聖地なのか？
2 Factoryとスタートアップ・エコシステム
3 食をめぐるビジネス・エコシステム
4 デジタル経済のエコシステム

1 なぜベルリンがスタートアップの聖地なのか？

スタートアップと投資の拡大

ベルリンはスタートアップの聖地と呼ばれ、その成長指数は世界一、コワーキングスペースの保有率でも世界三位の都市だ。世界の投資家を惹き寄せ、一気に世界をかけめぐるソーシャル・アプリの数々は、世界中から集まる起業家たちによって生み出されている。シリコンバレーのスタートアップが減速するなか、なぜベルリンがスタートアップの聖地なのか？

スタートアップとは、会社を起業しただけではなく、すでにベンチャーキャピタルなどからの投資を確保し、飛躍的な成長が期待される新興企業を表現する言葉だ。米国では大きな収益に向かう段階の企業をStartupと呼び、新興の起業家はUp-startsと呼んで区別する場合もある。現在EU全域では、八二万を超えるスタートアップが登録されており、四五〇万人の従業員と総収入で四二六〇億ユーロ（約五〇兆七，〇〇〇億円）、総資金調達は三六〇億ユーロ（約四兆二，八五七億円）におよぶ。

二〇一六年、ベルリン発のスタートアップは、グローバルな成功を収めていた。ユーザーによる吹き替え「自撮り」動画を作成するバイラルビデオ・メッセージングアプリ、Dubsmashは、二〇一六年、欧州二九カ国のApp Storeで第一位となり、一気に九〇〇万ユーロ（約一〇億七千万円）の資金調達を成し遂げた。

ＥＵ圏内のマルチモーダル旅行予約システムのGoEuroは、欧州に広がる三二〇〇〇もの鉄道とバス、二〇七の空港を結び、世界一二〇カ国、三，〇〇〇万人のユーザーに支持され、七，六〇〇万ドル（約八四億円）の資金調達を達成している。ＥＵのあらゆる場所にどんな移動手段を使えば、安く速く行けるかがひと目でわかるシンプルなインターフェイスも評判だ。GoEuroの従業員の国籍は、世界数十カ国に及ぶ。

週に一〇通りのレシピを開発し、新鮮な食材を配達してフードロスを削減する料理レシピ＋食材調達アプリ、Marley Spoonは、発売後間もなく二億七，五〇〇万ドル（約三〇五億五，〇〇〇万円）の資金調達を成し遂げた。ドイツ、英国、オランダ、ベルギー、オーストラリア、米国の二六〇万世帯に食材を配達し、現在、米国の料理家マーサ・スチュワートとのコラボによって、Martha & Marley Spoonブランドがスタートし、全米進出を成功させている。

しかし、そもそもなぜベルリンがスタートアップの聖地なのか？　今、欧州のみならず世界の起業家、若者がベルリンを目指す。ベルリンのスタートアップとは、急成長が期待される企業だけでなく、これから成功を手にしようとする起業家精神に適用される言葉なのだ。

失われた二八年の効果

ベルリンの壁（一九六一年八月一三日〜一九八九年一一月九日）の時代は二八年続き、その壁の崩壊から二九年が経った。失われた二八年を復興しようとしたドイツ政府は、ドイツの首都に相応しい都市の再開発を急いだが、その一方で、先進する世界の都市問題を内省することができたのはベルリンの利点だった。コンクリートよりもオーガニックな生態系を望む市民の台頭や、都市と自然との共生を目指す取り組みが次々と浮上してきた。ベルリンは、世界一のビーガン（完全菜食）人口を持つ街でもあり、さまざまなライフスタイルを受け入れる多様性と寛容性に満ちた街である。

そして何より特別なことは、失われた二八年の「効果」だった。壁で分断された二八年は、欧州で最も停滞した都市ベルリンを図らずも作り上げた。その遅れとは、デジタル経済の前身となる産業がベルリンには皆無だったことを意味していた。新興企業にとって、インターネット後のデジタル経済活動の障壁となる既存の産業構造がないことが、ベルリンを二一世紀型のデジタル駆動経済へと一気に変貌させた。

もちろん、失われた二八年の「効果」は、シリコンバレーのIT巨人たちが大胆に収集した世界中の個人情報とその錬金術への批判をベルリンが主張することにもつながった。東ドイツ時代のシュタージ（国家保安省）の記憶が重く作用し、個人情報保護や世界一厳しいプライバシー保護という最先端のトレンドはベルリンからもたらされている。サイバーセキュリティ分野でベルリンが突出した成果を上げている［註二］のはこのためだ。

シリコンバレーの減速

シリコンバレーという代名詞は、広大な丘陵地帯に半導体メーカーが集積し生まれた言葉だ。未来への前進を阻む既存産業の縛りがない場所と、サンフランシスコのベイエリアやバークレーのカウンターカルチャーの遺伝子を受け継ぐ風土からIT企業の一大拠点となったのだ。しかし近年、シリコンバレーでは投資規模の縮小やスタートアップの急激な減速が起きている。その要因の一つは、二〇〇〇年代からのIT巨人の飛躍的な成長が、皮肉にもサンフランシスコの家賃の天井知らずの高騰を招いたことだ。それが若者文化の停滞を引き起こし、世界の起業家精神を引きつける場所ではなくなったという推測は正しい。

ロンドンやパリに比べればベルリンはまだまだ家賃や物価も安く、子どもの大学までの教育費は無償だ。ベルリンで子どもを産めば、出産費用はもちろん無料で、親の収入の七〇％が市から支給される。何よりアーティストビザやフリーランスビザの取得も他都市に比べ簡易なことも、ベルリンの大きな魅力となっている。十分な都市インフラが整い、年間四〇〇を超える多彩な文化・アートイベントが開催され、ドイツ有数の大学都市であり、ファーレンホーファー研究所をはじめとする世界トップクラスの技術系研究所の集積もある。しかしベルリンに特有な状況とは、先述した既存産業の縛りがないという前提とともに、イノベーションを支援する独自の文化にある。

ベルリンはウィーンやパリ同様、欧州一のカフェ文化が開花した街だった。一九二〇年代のベルリンの雰囲気を文化史家ユルゲン・シュベラは次のように記している。「芸術と精神的生産のための伝統的な創造・討論・取引の場（劇場、アトリエ、画廊、出版社、編集部）と並んで、いまや、それ以上の意義を獲得していたのは芸術家カフェだった。彼らは、新しいプロジェクトについて議論し、そして何よりも「売り込む」ために、ここで落ちあった」[註二]

このカフェ文化は、ナチス・ドイツの政権掌握以後、ベルリンから失われていったが、壁崩壊後のベルリンで再び開花していく。カフェはもちろん、世界各地からベルリンにやってきたアーティストのためのギャラリーや複合文化施設の充実、そして次に来たＤＪのためのクラブの設置ラッシュに続き、近年、若き起業家のための多彩なコワーキングスペースの拡充へとつながってきた。

コワーキングスペースの「レシピ」

現在ベルリンには一〇〇を超えるコワーキングスペースがあるが、単にインテリアが小奇麗な空間だけでは人は集まらない。そこでは、起業家やフリーランサーが求めるさまざまなニーズを先取りし、コワーキング・マネージメントの絶妙なレシピの数々が提供されている。

コワーキング・マネージメントとは、共創するコミュニティの運営ノウハウであり、情報の伝達、評価、再配信が活発で、創造的な生産性が高く、相互作用を生む多様性が意図的にデザインされた状況を指す。コミュニティが持つ多様性は、創造性を刺激する重要な基盤だ。しかし、多様性が単に多様なままの状態で、多様な者同士の相互作用がないと創造性の発揮は期待できない。例えば、同じ考えをする人が一，〇〇〇人集まるよりも、異なる考えを持つ人が一〇〇人集まった方が創造性の発揮される可能性は高くなる。ただ、その一〇〇人の相互作用を意図的にマネージメントしないと創造性は発揮されない。

そこでコワーキング（共創）の促進を支えるのが、ファシリテーターであり、コミュニティ・マネージメントのための多彩なツールなのだ。「蜂と木の同盟」も、トップダウンとボトムアップの共創も、何よりミドルウェアとしてのファシリテーターの役割が重要なのだ。

ベルリンのコワーキングスペースで最も頻繁に使われているコミュニティ・マネージメント統合アプリは、ベルリン発のスタートアップが開発したCobotやNEXUDUSやTrelloなどに続き、コミュニティ・コミュニケーションにはSlackがほぼ全てのコワーキングスペースで活用されている。多彩なデジタル・ツールをいかに活用し、組み合わせ、個々の生産活動を多様に支援できるかが、ベルリンのコワーキングスペースの運営レシピなのだ。スタートアップ・エコシステムの秘訣、そして起業家精神を育む真のフォーミュラとは何かをさらに探ってみよう。

ギグ・エコノミーが生む共創

世界では今、フリーランサーの増大が顕著となっている。米国では全労働人口の三五%にあたる五，五〇〇万人、英国では一四〇万人、EUでは二〇〇四年に六二〇万人だったフリーランス人口が、二〇一三年には八九〇万人に急増している。インターネットを通じて単発の仕事を受注する働き方や、それによって成り立つ経済形態はギグ・エコノミーやフリーランス経済と総称される。g・i g（ギグ）とは、もともとはジャズなどの単発ライブ演奏を指した俗語で、それが転用されて「単発の仕事」という意味で広く使われるようになった。

英国最大のフリーランス人材のためのデジタル・マーケットプレイスであるPeoplePerHourには、高度な専門スキルを持つ四〇万人が登録されており、世界中に一〇〇万人以上のユーザーを抱えている。こうしたフリーランスの才能のための主要なマーケットプレイスも世界で増大しており、急速に成長するオンライン労働市場を後押ししているのだ。

こうしたギグやフリーランスもコワーキングスペースに集う。世界のコワーキング環境を調査した〝2017 Global Coworking Survey〟によれば、世界にコワーキングスペースは約一三，八〇〇あり、そこに一二〇万人の人々が集合している。コワーキングは共同作業というより、個々人の仕事や目的は違っていても、一定の場所で多様な人々との間に生まれる交流が大きな魅力となっている。この調査は、なぜ人々はコワーキングスパースを求めているかの根本を明らかにした。大多数のコワーキング

メンバーは「コミュニティ」を求めていたのだ。[註三]

コワーキングからコミュニティへ

コミュニティの一員であるという意識が彼らをコワーキングスペースへと向かわせている。かつての在宅勤務（ホームオフィス）やレンタルオフィスは過去のものとなり、主に一五〇人以上のメンバーが集うコワーキングスペースの需要が劇的に高まっている。それは、小規模多様性から生じる創発やイノベーションを共創するコミュニティだ。

さらに近年の顕著な事例は、伝統的な企業組織の従業員の多くがコワーキングスペースに通い始めていることだ[註四]。彼らのスキルは、雇用者のニーズに大きく依存するので、変化が速い時代のニーズに適応することができなくなる。企業の従業員は、新たなスキルに適応する準備が遅れ、時代の先端を切り開く仕事から乖離してしまう可能性すらある。

そこで組織と個人は、協調的な環境から、より良い仕事の方法を模索しなければならない。今欧州では、永続的な雇用神話は崩壊し、給与職として正規従業員が有する社会的セーフティネットの優位性を、独立事業者が容易に利用できるようにすべきだという政治判断は各国の直近の課題だ。多くの人々が自分のキャリアを自ら創出している。彼らは自分たちの仕事と生活のバランスを達成する方法として、九時〜一七時の伝統的就業時間やスーツとネクタイよりも、自身のライフスタイルを大切にしたいと考えている。

ソーシャルテクノロジーや新しいコワーキングスペースにより、独立した専門家たちは、グローバルな市場でアイデア、資本、人材を集約し、新たな繁栄を生み出す。フリーランス経済が成功するには、非伝統的な労働力と従来の企業組織とが係合する機会も不可欠となる。

つまり、従来の伝統的企業にとっても、才能へのアクセスは、才能の所有よりも重要なのだ。増大するスタートアップやギグ・エコノミーの可能性とは、伝統的な雇用形態を超えて開拓されている多彩なスキルと、自身のマネージメントに軸足を置く個の経済活動であり、共有経済の一形式なのである。規模の経済から個の経済へ、その大規模な移行は、ここベルリンから確実に始まっている。

2 Factoryとスタートアップ・エコシステム

イノベーターのコミュニティ

僕はベルリン最大のイノベーター・コミュニティとなったFactoryで三年を過ごした。春から夏への期間、「re:publica」や「IoT Tech Expo」そして「Tech Open Air」などのテック系主要イベントが開催されるベルリンでは、年間四〇〇もの技術系文化イベントが開催されている。

Betahaus や Agora や Ahoy! などは、Factory と並んでベルリンのスタートアップシーンを牽引する場だ。コワーキングスペースの需要増に応え、新たに七千平方メートルの空間を持つ Silicon Allee も開設された。Factory に焦点をあて、なぜベルリンが世界のスタートアップ・エコシステムの要衝なのか? それをドライブさせるベルリン特有の新たな起業家像を探ってみよう。

旧東ベルリンに位置するFactoryは、ニューヨークで一九六二年から八四年まで続いたアンディ・ウォーホルの同名のスタジオを意識したといわれている。かつてポップ・アートとアーティストの生産工場は、今ベルリンでは、スタートアップの生産工場にシフトしている。Factoryに近接したベル

POG
BISHOPS GREEN
BISHOPS GREEN

ナウワー通りには、「ベルリン・ウォール・メモリアル」が整備され、東西の壁の中間地帯であった「デス・ストリップ」が当時のまま残る場所もある。この通りは、東側から長い地下トンネルが数多く掘られ、西ベルリンに逃亡する市民が最も多かった場所だった。

ベルリンの壁とレジスタンスの物語を、スタートアップ精神に移植した不動産開発の起業家ウド・シュローマーは、二〇一四年、廃屋となっていたビール醸造工場の大改築を終え、一六，〇〇〇平方メートルの空間を有するFactoryを創設した。グーグルの起業家支援プロジェクトと投資を確保したFactoryには現在二，〇〇〇人のメンバーが集い、ツイッターやピンタレストなどのシリコンバレー系企業のドイツでの本拠地をはじめ、ベルリンから生まれたスタートアップで音楽共有サービスのSoundCloudの本社もここに位置している。

「異花受粉」の場作り

オフィスフロアで働くフルタイムの従業員に加えて、一，五〇〇人を超えるスタートアップのローカルコミュニティが地上階と一階のコワーキングスペースに集う。Factoryをひと言で表現すれば「イノベーターのコミュニティ」だ。企業メンバーやコワーカーにとってこの場所は、ウォーホルのファクトリーにも通じ、大学やカフェ、クラブの進化形のようにも思える。

Factoryのコワーキングスペースは、世界中から集まる起業家たちの多様な行動主体で構成され、生物生態系における資源の共有や「異花受粉」といった生物界の知恵が巧みに導入される場だ。ここではベルリン由来のコミュニティ・ファシリテーターの絶妙なレシピが毎日のように反映され、各種イベントや毎月開かれるピッチの会合によって、メンバー相互の交流が促進されている。Slackやcobotといったコミュニティ・マネージメント・ツールの役割はきわめて重要だ。こうした共創のマネージメントが目指すのは、起業家同士、さらに既存の企業をも結び付け、イノベーションを生みだす土壌の醸成であり、かつ共進化するコミュニティなのだ。

スタートアップ・エコシステムでは、さまざまな個人や複数の企業が多様性を維持しながら創造性を発揮できる場作りが重視される。スタートアップ・エコシステムやイノベーション・エコシステムに参入するアクターは、コミュニティやイノベーションに決定的な役割を演じている。ここベルリンに集合する多様で創造的な人材は、この都市の歩んだ宿命的な歴史と深い関係を持つ。彼らこそ、今のベルリンのスタートアップ・エコシステムを構成する主要な配役だ。

新たな部族のDNA

二〇一六年五月四日、ベルリンを代表するデジタル文化に関するエキサイティングな会議である

re:publica に、アレクサ・クレイが登壇した。彼女は『不適合の経済：海賊、ハッカー、ギャングスター、その他の非公式起業家からの創造性の教訓』の著者で、この本と彼女の講演活動は、世界中に大きな衝撃を与えた。海賊、ギャング、ハッカー、囚人、現代にも生きる魔女などによる「不適合な経済」活動の可能性を、彼女はベルリンの聴衆に語りかけた。

都市生活者の生活習慣を放棄して、小規模な地下コミュニティの活動に参加し、デジタル遊牧民の道に進む人々を、クレイは「新部族（Neo-Tribes）」と呼ぶ。インターネットの黎明期、世界に偏在し、地下に潜伏していた部族たちがつながり、新たなカウンターカルチャーが活性すると予測されたことは現実のものとなっている。これらの現象は、一九六〇年代のヒッピー文化のノスタルジックな再生にすぎないのか？　それとも、新しい社会システムを構成する飛躍を告げるものなのか？

この問いにクレイは、地下の部族コミュニティの現代における実践を参照する。エコビレッジ、ハッカー集団、投獄された犯罪者による起業、ソーシャル運動、そして地下の秘密組織に至るさまざまなミスフィット・サブカルチャーを通して、彼女は新たな「部族」に辿り着く。彼女のアイデアは、伝統的なシリコンバレーの起業経済が縮小する中で、闇市場や非公式経済の主役たちが、起業家的な発想や展開方法を持つことに注目し、次代の起業家経済が参照すべき対象だと提案したのだ。

かつてスティーブ・ジョブズは、マッキントッシュの開発チームに「海軍に入るくらいなら、海賊になれ」と命じ、不断のイノベーションと海賊というメタファーを同期させた。この海賊であり「新部族」こそ、ベルリン文化を構成する主要なタレントでもある。カオス・コンピュータ・クラブに集まるハッカーたち、シュプレー川周辺の廃屋にスクワットするヒッピーたちの存在が、クレイが指摘する「新部族」と重なる。

一九九〇年代、他の先進都市に比べ三〇年は遅延していたベルリンは、壁崩壊後、ドイツの首都にふさわしい都市再開発を急いだ。しかし、ドイツ政府の思惑を内省し、ジェントリフィケーションに対抗する市民運動などが絡み合い、ベルリンはどこにもない都市へと「進化」してきた。ネオ・ヒッピーと呼ばれる起業家が創出する楽園的エコシステム「ホルツマルクト」や、テクノ聖堂「ベルクハイン」をシーン経済の頂点に昇華させたクラブ経営者、現代のヒッピー・コミューンが点在し、シリア難民の一時的生活の場となったナチス時代の空港「テンペルホーフ」は、一〇年以上前から市民に解放され、今や市民公園として機能している。世界中のハッカーたちが一度は訪れる「C-Base」の役割なども、ベルリンにしかない独自のエコシステムであり、これら多彩なエコシステムからもベルリンのスタートアップは生みだされている。

次代の起業家精神が参照すべき破壊的な創造性という意味で、アレクサ・クレイの指摘はベルリンから生まれるスタートアップのDNAを表現しているように思えた。

3 食をめぐるビジネス・エコシステム

Nikkei（日系）料理の躍進と消え行く和食

世界一〇〇カ国以上で愛用され、海外に七つの生産拠点を持つKikkoman醤油は、日本でのシェア三〇%、世界シェア五〇%を占めている。ここベルリンでも、世界中どこに行っても、Kikkomanは「醤油」の代名詞だ。醤油が欧米の家庭に必須の調味料となるまでには、多難な道のりがあったと思うが、海外生活をする日本人にとってはどこでも入手できるのはありがたい。

とはいえ、今や寿司やラーメンは日本人の占有物ではない。フランスもイタリアも自国の食や文化が自分たちだけのものだとは考えない。むしろ世界に越境し飛躍をとげる文化は、多彩な経済活動を自国に呼び込むのだ。世界がマッシュアップし、進化を続けるNikkei（日系）料理とは何か？　ここベルリンで実感する日本食関連のスタートアップを通して、日本企業の海外進出への課題について考えてみたい。

世界の日本食の典型――Nikkei（日系）料理

世界各地で日本食が支持され、海外の日本食レストランは二〇〇六年の二・四万店から二〇一五年には八・九万店へと増え続けている。世界の五大陸、二八の都市に三二店舗、年間二〇〇万人が来店するレストラン・グループNOBUの成功をはじめ、この二〇年間で日本をルーツとする食市場は高級化と大衆化双方で拡大し続け、世界の人々が家庭で日本食を作る時代を迎えている。

NOBUのオーナーシェフである松久信幸は、若くして東京の寿司店で修行を積んでから海外に渡り、ペルー、アルゼンチン、米国各地に拠点を移し、日本食の多彩な料理や技術を基本に、南米や欧米料理の要素を取り入れた独自のスタイルで国際的な評価を受けてきた。NOBUが開拓した和と世界各地の料理とのフュージョンは、現在、世界が認める日本食の典型にまでなっている。

松久氏はペルーの日系人料理のパイオニアでもあり、後にスペインの伝説的レストランとなった「エル・ブジ」のシェフ、ファラン・アドリアにも影響を与えたと言われている。彼と弟のアルベルト・アドリアは現在バルセロナで六つのレストランを経営しているが、二〇一二年にオープンした「PAKTA」のメインコンセプトは、「日系ペルー料理」というもので、世界が最も注目する料理のひとつだ。実は日本から越境し進化する〝Nikkei Culinary〟（日系料理）は、今、世界各地に拡張している。

Nikkei（日系）という用語は、もともと日本人をルーツとする海外移民とその子孫を意味していた。ペルーは一八七三年に日本と外交関係を結んだ最初の南米の国であり、初期の日本人移民を受け入れた土地だ。今やNikkeiは、日本を起源とし、日本国外で作られる全ての日本料理を示す言葉とさえなっている。

世界を魅了する日本の家庭料理

日本は、自国の伝統的料理に加え、世界各地の料理を貪欲に吸収、改変してきた世界有数の食文化大国だ。日本の家庭料理も日々進化しており、その多彩なレシピはここベルリンでも人気である。二〇〇九年、栗原はるみさんの料理本「Everyday Harumi」が英国で出版され、世界的ベストセラーになった。

僕はベルリンの友人宅で「煮豚」をご馳走になったことがあるが、そのレシピは上記の本からで、調味料も全て日本のものだった。ベルリンではこの二年ほどの間に、日本食レストランが急増している。タイやベトナム、韓国料理とのフュージョンも多いが、本格的な日本食レストランからラーメン、お好み焼きに至るまで、日本人のスタートアップが目立ってきた。

日本の家庭料理やB級グルメまでが知られるようになったことで、世界の日本食への関心は確実に高まっている。世界の人々が作る「和風ポテトサラダ」や「煮豚」には、日本製マヨネーズ、醤油やみりんが使われる。日本食の一片のレシピが、日本製の多彩な調味料や香辛料、日本酒の需要までを呼び起こす。食のエコシステムが、さまざまなスタートアップを生み出している。日本食を身近な食材で料理できることに道を拓いた一冊の料理本が、世界で需要が見込まれる日本食関連商材のグローバル化に貢献しているのだ。

TOKURIとENTER.Sake

ベルリンには、ドイツ人とイギリス人による高品質な日本酒スタートアップが二つある。一つはすでに創業から三年を経過し、徐々にベルリンでの基盤を築いている「TOKURI」と、有名テクノＤＪで、二〇年以上日本酒と関わりを持つベルリン在の英国人リッチー・ホゥティンの「ENTER. Sake」だ。

TOKURIの代表マクシミリアン・フリッチは、日本の「徳利」から触発された企業名を冠し、驚くほどに日本酒を深く理解している。ベルリンから大阪に一年インターンで滞在中に、日本酒との運命的な出会いを経験する。ベルリンや欧州で日本酒の需要が高まると確信したマックスは、オンラインと訪問利き酒を展開、徐々に日本酒ファンを獲得していて、年に二度は、自ら日本各地を訪れては酒利きし、買い付けを行っている。一方のリッチーは、欧州や日本では有名なテクノＤＪで、日本各地の酒蔵を回り、自らのブランド「ENTER. Sake」にボトリングした銘酒を、世界各地に広めている。

この二人が協力して、ベルリンに新たなSAKEショップをオープンするというので、彼らとホルツマルクトで夕食を共にした。これまで日本酒はベルリンでも欧州でも、高級品だった。ワインと比較してしまうと、ベルリンで日本酒を気軽には買えなかった。ベルリンでは、五ユーロ程度で美味しいワインがどこにでも売っている。日本の大吟醸が、一本三五ユーロから五〇ユーロとなれば、なかなか市場は拡大しない。しかし、二〇一七年七月にEUと日本の間で経済連携協定（EPA）が締結された。これまで日本酒には高い関税がかけられていたが、このEPAによって日本酒や緑茶は即時関税撤廃となる見込みだ。

リッチーは壮大なプランを話してくれた。「現在、米国、カナダ、スペイン、独、仏、英国、イタリア、ノルウェー、オランダでENTER. Sakeを配布しているが、今、欧州全域の他の市場も開拓している。現在の四，〇〇〇ケース（約四万本）から五万ケース（六〇万本）まで、今後五年間で成長したいと考えている」

和食ブームを追い風に、日本酒や緑茶の輸出量は急増している。EUは日本酒に一〇〇リットル当たり最大七．七ユーロ（約九八〇円）、緑茶に輸出価格の三．二％の共通関税を課している。関税撤廃が実現すれば二〇一九年までに農林水産物や食品の輸出額を一兆円に押し上げたいとする日本政府の目標達成にも勢いがつきそうだ。

日本の貿易統計によると、二〇一六年のEUとの輸出入は中国、米国、東南アジア諸国連合（ASEAN）に次ぐ規模。EUからの輸入額は八兆一，〇〇〇億円余りで、主力の医薬品や自動車に加え、農林水産品も全体の一割超を占めている。一方、日本からEUへの輸出額は八兆円弱で、貿易収支は赤字である。自動車や自動車部品が上位品目だが、ＥＵの関税が輸出拡大のネックとなっていた。特に農林水産品は輸出額全体の一％にも満たず、市場開拓が課題であった。ＥＰＡ締結によって、日本酒の欧州市場は確実に拡大していくだろう。そのキーパーソンは、日本人ではなく、二人のベルリナーなのだ。

カツオ節の欧州進出

二〇一六年、世界の食の評価で有名なSAVEURが、東京を「世界一の食の都市」に選んだ。東京はミシュランの星を獲得したレストランが二二六あり、パリの九四を大幅に上回っている。しかしそのレストランが皆和食かといえば、その大半はヨーロピアンで、うち五〇はフランス料理店だ。ひとつの都市で、ミシュランの星を持つフランス料理店が五〇を数える都市は他にない。

二〇一三年一二月、ユネスコ無形文化遺産に「和食（Washoku）」が登録された。日本人はユネスコが大好きだ。ユネスコが認定する世界遺産などの「お墨付き」を得ようとする動きには、地域の官民一体が実現しやすい。ユネスコ登録を経済的好機と捉える向きもあるが、無形文化遺産とは喪失の危機にある文化なので、逆に「和食」の絶滅を印象づけてしまうのが心配だ。日本ではユネスコの権威はブランド力でもあるようだが、ベルリンや欧州でユネスコの権威やブランド力はほとんど耳にしない。和食を保護し、後世に伝承していくだけなら、伝統の本来の意味である創造は停滞するかもしれない。

欧州では、和食の真髄ともいえる出汁（dashi）への理解も進んでいる。UMAMIやDASHIという単語がかなり目立ってきた。これまでEU圏にはカツオ節の輸入には厳しい制限があった。日本産のカツオ節は、いぶす工程でごく微量の焦げが付着することから、発がん性物質に対するEUの厳しい基準をクリアするのが難しかった。これまで欧州ではベトナム産や韓国産のカツオ節が流通していたが、肝心の日本産のカツオ節は入手困難だった。

二〇一七年二月、日本の水産庁がEUにカツオ節を輸出する際に必要な認定書を静岡県の水産加工会社に交付した。さらにフランスのブルターニュで、鹿児島県の枕崎水産加工業協同組合とかつおぶし関連会社九社が出資して設立した「枕崎フランス鰹節」の生産工場が始動した。農林水産省によると、欧州では二〇一三年に五，五〇〇店だった日本食レストランが、二〇一五年には一〇，五五〇店に急増しており、出汁に欠かせないカツオ節の需要も高まっていることを受け、新たな伝統を創造する「和食」が、ここ欧州から生まれるかもしれない。

クールジャパンの再考

二〇一五年の外務省「海外在留邦人数調査統計」によれば、日本国外に在留する邦人（日本人）の総数は過去最高の一，三一七万人で、前年より二．六万人強（約二．一％）の増加だった。訪日外客数も増加し続けており、二〇一五年には四五年ぶりにアウトバウンドをインバウンドが上回り、二〇一六年には年間二四〇〇万人を突破した。日本政府は二〇二〇年に四，〇〇〇万人の訪日外客数を目標に掲げている。

この十数年、日本のソフトパワーは「クールジャパン」と自賛されてきた。それは、アニメ、マンガといったサブカルチャーから日本の伝統文化に至るまでを世界に喧伝する国の政策だ。しかし、世界の若者たちにとって「クール」が「イカす」のは、既成の価値観を刷新する自在な創造性である。

文化は越境し変化するもので、日本の知的財産の主導権を狙うクールジャパン政策に、世界中から反発の声もあがっていた。もともとクールジャパンは、イギリスのブレア政権が推進した国家ブランド戦略「クール・ブリタニア」に触発されたスローガンだった。日本の「クールジャパン」は、日本のポップ・カルチャーから、日本製品、食、伝統文化なども対外輸出の振興対象とする経済産業省の事業である。世界各地で日本のサブカルチャーに魅了された若者たちにとっての「クール」とは、二次創作や改変の自在な気風にあった。これが海外における Nikkei 料理の急成長とも重なる点だ。

世界各地の料理を改変してきた「クール」な日本食に触発されたレストラン事業家アラン・ヤウに

よって、一九九二年、ロンドンのブルームズベリーに「wagamama」が創業した。現在、英国のデュークストリート・キャピタルがオーナーで、世界一七カ国に一三〇以上のチェーンを展開し、一億九，三〇〇万ポンド（約二七一億八，三〇〇万円）を売り上げる「日本風レストラン」だ。日本の大学食堂のような店内では、日本風の焼きそば、ラーメン、チキンカツカレー、ドンブリの他、アジアン・メニューも人気である。

英国のカジュアルダイニング・アワード二〇一七で、wagamamaは「複数展開のカジュアルダイニング・レストラン・オブ・ザ・イヤー」を受賞し、wagamamaのCEOデヴィッド・キャンベルがトレイルブレイザー（先駆者）賞を受賞した。

wagamamaは、日本語の「わがまま」をブランド名にし、自らの哲学である「カイゼン（改善）」を次のように説明する。「良い変化を意味するカイゼンは、私たちの心の中にある哲学です。……それは私たちにとって永遠の創造であり、停滞することのない精神なのです」。これは、既成の価値観を打ち破る自在な「わがまま」が、不断の創造を生むという表明だ。ここでのカイゼンは、「クール」や創造的破壊とも重なっている。

日本のバウムクーヘン×Nikkei（日系）寿司

かつて世界が規範とした製造業における生産方式（カイゼン）のみならず、日本は消費者の創意工夫が際立つ文化だ。基本が存在するからこそ、絶えず改善が活性するのかもしれない。その意味からすると、ドイツで生まれたバウムクーヘンは日本への越境と飛躍を展開したお菓子である。

ドイツでは、ザクセン・アンハルト州のザルツヴェーデルがバウムクーヘンの生まれ故郷といわれているが、実はバウムクーヘンを熟知するドイツ人は多くはいない。ここベルリンでも、バウムクーヘンと出合う場所は、日本人観光客が向かうチョコレート店などに限られ、どこでも売っているお菓子ではない。なぜならそれを作れる職人は限られ、その製法を厳格に守るごく一部の菓子店だけが販売しているからだ。

ドイツでは、ビールの製造に「ビール純粋令」があるように、さまざまな食品やモノづくりに個々の製法の定義が確立している。マイスター制度とも連動しており、例えば「バウムクーヘンの定義」は国立菓子協会の規定により、油脂はバター、ベーキングパウダーは不可などの数々の基準がある。一方、日本では抹茶バウムクーヘンなど、味も形も自在に「カイゼン」された商品が全国に登場していて、日本人にとってはなじみ深いお菓子となっている。

現在海外で食べられている寿司は、英国を中心に世界で九〇店舗を展開するYo! Sushiなど、江戸前の基本とは大きく変容した自由に依っている。食とファッションの創造には「著作権」の縛りがない。だから世界中で変幻自在な創意工夫が起こる。H&MやZARAのようなファスト・ファッションが世界を席巻したのも、一部の高級ブランドのファッションを限りなく民主化した結果なのだ。

一九八〇年代、カリフォルニア・ロールに始まった寿司の変容やNikkei料理の影響力は、世界各地の食文化との混淆により、日本では発想すらなかった変化の道を開拓してきた。寿司の源流に、江戸前や大阪寿司といった典型があるということが数多の変幻自在を支えているのかもしれない。

邦人在留数が三，〇〇〇人程度しかいないベルリンでも、Nikkeiレストランは増え続けている。先述したが、日本食は日本人の占有物ではなくなった。和食に軸足をおいた高級店の他、不思議な寿司ロールが並ぶ回転寿司やタイやベトナム料理との混淆による飛躍した寿司も目立っている。急速に変化をとげる寿司に違和感を覚える日本人がいる中で、世界の人々は変容する寿司にも愛着を感じている。

その中で、「一心（Ishin）」という寿司店がベルリナーに人気だ。一九九六年の創業以来、ベルリンのビジネス地区に現在六店舗を構えている。メキシコや地中海のクロマグロがベルリンで調達され、オーナーが日本人ということもあり、日本の寿司の原型を留めない寿司ではなく、古き江戸前の基本に軸足を置く姿勢がドイツ人に評価されているようだ。

Ishinには昔の寿司の素朴さがあり、それは今の日本の高級寿司とベルリンとの間にある「時差」を、丁寧に埋めていく作業のように感じる。日本企業の海外進出も、自社製品へのナルシズムを排し、文化の時差や融合という観点で世界の市場との接続を考える必要がある。ベルリンにおける日本人スタートアップは、今後さまざまな文化的な独自性やそのエコシステムを自覚すれば、大きなチャンスを得ることになるだろう。食に限らず、日本の生活文化全般の商材やサービスは欧州やベルリンでもニーズがあるだろう。

日本企業の海外進出

日本では少子高齢化による労働生産力の低下、国内人口減少と市場縮小という宿命が待ち受けており、国内製造業の海外市場進出は待ったなしの状況だ。しかし今、海外進出企業の約四割が撤退を余儀なくされている。要は海外市場で確実に支持される日本製品の潜在的可能性が多々ある中で、日本で売れている商品が、海外でも売れるとは限らないということだ。グローバル化による文化の「同時性」を一旦精査し、文化の翻訳や文化の「時差」を、海外の消費者コミュニティーの内側から確認するマーケティングが必要だと実感する。

同時に、国内市場の成功体験に依存するのではなく、海外市場への参入について、より積極的に対処する必要がある。それは、海外の日本食が「Nikkei」一色に染まる前に、日本企業が自ら世界を舞台に「和食」の可能性を開拓する姿勢とも重なる。

日本の高品質な製品への過信は、世界市場の開拓にとって第一の壁ともなる。これが「イノベーションのジレンマ」と呼ばれる課題だ。かつてはスタートアップの革新性を持ち得ていた大企業も、その成功体験が足かせとなってしまい、時代のスタートアップの先進性を過小評価してしまう。そして、時代の先進性を見誤り、新たな配役の登場との連携もできず、市場から取り残されてしまうという問題だ。世界に文化の同時性を求めるだけでなく、多文化や異質性を前提とする「編集」は日本の商材に「改善」を促す。企業の商材価値を決めるのは、日々変化する世界の消費者だ。その意味からも、これからの日本企業の海外進出において肝心なのは、世界の消費市場を知るためのコミュニティファーストへの取り組みなのだ。

4 デジタル経済のエコシステム

なぜ人々はコンテントにお金を払うのか？

多くのスタートアップは、デジタル経済という日々変化を遂げるエコシステムと関わっている。それは、これまで僕らが住んでいたアナログ世界とは価値観も文化も異なる世界でもある。今、デジタル経済に起きている多くの変化とどう向かい合うかは、ベルリンに限らず、世界のスタートアッパーの重要な関心事なのだ。

ベルリンのポツダム広場にあるソニーセンターは、IMAX4Kレーザーの映画館をはじめ、複合映画館〝CineStar〟があり、ベルリンを代表する映画の殿堂だ。しかしこの二年だけでも、「映画」の環境は劇的に変化している。映画は映画館から生まれるだけでなく、NetflixやAmazonのように映画館上映をパスして、視聴者のスマホに直接配信される時代を迎えている。

一方、GoogleやFacebookなどの「無料」のサービスやコンテントは、ユーザーの個人データを莫大な利益に変えることで成立している。「ただより高いものはない」という警句の通り、ユーザーがいつの間にかIT巨人の「製品」になっていたとすれば、インターネット上に「フリーライダー」は存在しないのかもしれない。そんななか、世界では今、コンテントに「対価」を支払う人々が急増している。

ここベルリンでも、コンテントは物財ではなく、オンライン上に存在するサービスの一部という認識が一般化している。そのコアにあるサービスが、サブスクリプション（定期購買）というビジネスモデルだ。ベルリンでも、このサブスクリプションモデルは、食からコンテントに至るまで、スタートアップが見据える次世代のビジネスモデルである。世界に広がるサブスクリプション革命はなぜ起きているのか？　その核心を考えてみよう。

自己表現に不可欠なコンテント産業

ベルリンの4Kレーザープロジェクションを装備するIMAXシアターは、ハリウッドの大作映画の一大ショーケースとなっている。映画は大きな画面で他の観衆と同時体験することに意義がある。こんな考えも、今や少数派なのか？　一方で、家庭用の4K大型テレビ市場は活況で、六五インチ以上の大型画面で、家庭でホームシアターを実現する消費者も増えている。

二〇世紀のメディア産業は、人々に消費を促すことで成長した。広告がメディアビジネスを牽引し、人々は消費に邁進することになった。しかし、ネットやスマホが浸透するデジタル時代では、人々は消費以上のことを実行する。人々がテレビ漬け、広告漬けだったとすれば、それは与えられた選択肢の狭さに他ならなかった。

二〇世紀のメディアが配信できるコンテントは、量的にも限りがあった。映画、音楽、テレビ、出版などは大手メディア企業によって占有され、一部インディーズ・メディアなどがあっても、それは希少な存在だった。米映画監督のジョージ・ルーカスは、二〇〇六年のインタビューで「未来の映画の秘密は量にある」と述べ、ハリウッドの大作主義に警鐘を鳴らした。かつて映画館のスクリーンがテレビに移行したように、現在はテレビからスマホやタブレットなどのマルチスクリーン時代を迎えている。ルーカスは、ハリウッドの一本当たりの映画予算、二億ドル（約二二〇億円）をかければ、一二〇時間分のビデオ（映画）を五〇〜六〇本作れると語り、未来の市場はデジタル配信であり、全てはユーザーの「選択」の自由に帰結すると予見していた。

彼の指摘は、映画が豊穣なデジタル・カタログになれば、オンデマンド配信が従来の映画ビジネスを大きく塗り替えてしまうという予測だった。ネットの影響によって、コンテントは時間の縛り（決められた放送時間や広告の介入）から脱し、好きな時と場所（遍在性）で視聴できるようになり、テレビが求めた同時性やコンテントを物理的な媒体で購入・所有することからも解放された。さらに、多彩なコンテントは、SNSによる人々の自己表現にも不可欠なものとなっている。

ドイツでは、テレビ・ラジオを視聴するのに、一世帯あたり決められた金額が一律徴収される。アパートにテレビやラジオがなくても、今やインターネットで何らかの視聴が可能となることから、市民は公共の電波メディアの便益に対価を払わなければならない。日本のNHKの視聴料とは異なるが、テレビやラジオの公共性を皆で担保していこうという法制度の結果である。支払いの方法は色々と選択できるが、僕の場合、三カ月に一度、六〇ユーロ弱が銀行口座から引き落とされる。これはドイツにいる居住者の義務である。いわば国が決めたサブスクリプション契約ともいえる。

映画館に足を運ぶ価値とは、多くの観客とともに映画を体験する魅力でもあるが、新たな映画は必ずしも「映画館」を必要とせず、スマートTVやスマホに直接配信されている。さらに人々は今でも消費を好むが、同時に表現することや共有することにも長けている。人間本来の欲求と現代のデジタル・ツールが一緒になって、大規模な創造や共有への欲求を実現し、そうした豊穣なコンテントが二次創作やSNSのコミュニケーション・リソースともなっている。

デジタル技術は、映画、ビデオ、音楽、書籍などの文化的なメディアに、ファンの声を反映させ、他のクリエイターと作品をリミックスすることができる新しいフォーマットを作り上げ、あらゆる人々をクリエイターやアーティスト、そして評論家に変えた。

広告モデルの限界

最近、英紙「The Guardian」のサポーター呼びかけ画面に次のようなメッセージが現れるようになった。「メディア全体の広告収入は急速に低下しています。そして、多くの報道機関と違って、私たちはペイ・ウォールを掲げていません。……ガーディアンの独立した調査ジャーナリズムは、多くの時間と費用と労力を費やして生産されているものです」と読者に直接訴えているのだ。

この一〇年で、新聞の購読料はコンテント自体の対価というより、新聞社が必要としていた広告収入を支えるごく一部に過ぎないことも明らかになった。何年もの間、オンライン・ニュース事業を抱えるデジタル・コンテント企業は、スケールを重視する広告ベースのビジネスモデルを追求してきた。彼らは、ユーザーからのアクセス数を広告収入に変えるために、数千万の読者、視聴者、またはリスナーにアプローチしようとした。

それは持続不可能であっただけでなく、ジャーナリズムという文化にも影を落とした。小さな観点やニッチな余地がなくなり、コンテント自体が過熱したクリックベイトになったのだ。クリックベイトは、扇情的な見出しや刺激的な画像をつけてネットユーザーのクリックを誘うウェブページやリンクや動画や広告のことだが、今ではユーザーをページ内に留まらせるさまざまな技が用意されている。アクセス数や広告収入を増やすのが目的のため、報道やコンテント自体は二の次で、コンテントの中にリンクは入れない（ユーザーがページから離れてしまう）など、表現の仕方にまで介入するクリックベイトだけを意識する編集者も増えている。

長い間、豊穣なコンテントが作成されてきた。ドイツは世界有数の出版大国であり、もともとの印刷技術が生まれた場所でもあった。しかし、読んで、観て、聴くべきものが持続不可能になるピーク・コンテントに達しているとの指摘もある。ユーザーの個人情報を金脈とする一部のIT巨人は別として、コンテントの生産消費が無料化され、ますます収益の不足につながれば、デジタル・コンテント企業の存続は不可能だと懸念されたのだ。

デジタル技術による創造性や生産の民主化によって、人々がコンテントを作成することはこれまで以上に簡単になった。しかし、個人クリエイターと多くの企業の双方で、これまで以上にコンテントを生産できる経済的裏付けはますます困難となってきた。

今後もコンテント生産のエコシステムを維持する十分な広告収入はなく、二〇一五年にはメディア企業の買収、統合、資金調達ラウンドが急速に終わりを告げ、二〇一六年には衰退が始まるとの予測もあった。

サブスクリプション革命

ベルリンのポツダム広場に登場したAmazon Primeのオリジナル制作映画『YOU ARE WANTED』

の大ビルボードを横目に、コンテンツ産業の未来を考えていたその矢先、驚くべき変化が到来してきた。

まさに二〇一六年、世界中の人々が自らの意思でオンライン・コンテンツへの支払いを開始したのだ。「New York Times」の電子版有料会員は三カ月で二七万人増、英紙「The Guardian」の有料サポーター数は過去一年間で一万五〇〇〇人から二〇万人に伸び、一年で約一三倍に増えている。英紙「The Telegraph」も、四カ月で有料会員が三〇〇％増加という劇的な変化だ。「WSJ（ウォールストリート・ジャーナル）」は直近の四半期で電子版の有料会員を約一一万三，〇〇〇人増やし、約一二％近い急成長を実現していた。ドイツ各紙もオンラインでの有料会員を増加させてきた。

Amazon PrimeやNetflixなど、サブスクリプション・ベースのメディアプラットフォームの急成長は、サブスクリプション経済が確実に定着しつつあることを示している。

消費者がサブスクリプション・サービスを選択するにつれて、「販売と所有」は過去の文化となるかもしれない。「製品を販売するモデルは実際には壊れています。人々はアウトカム（成果）を求め、そのサービスを求めているのです」と、サブスクリプション・ソフトウェア大手であるZuoraのCEOティエン・ツァオはインタビュー記事の中で述べている。

ツァオが語る「サブスクリプション経済」は、物理的な製品自体ではなくサービスの対価を請求するビジネスだ。二〇一五年、アメリカ人は四，二〇〇億ドル（約四七．七兆円）をサブスクリプションに費やした。このビジネスモデルは、すでにソフトウェア業界では一般的となっており、顧客との長期的な関係を重視する。サブスクリプションは、顧客の意思に応えることで、忠実な顧客から持続的な利益を得ることができる。

サブスクリプションの動きが広がっているのは、NetflixやHBOやSpotifyのようなコンテント企業に限らない。一般のドライバーは、自動車税、ガソリン、保険の定期的な支払いを行う代わりに、ZipCarやUber、ベルリンであればDriveNowなどを選択する。

Amazon Primeの定期購入も、毎月必要とする商品のサブスクリプションだ。ニューヨークのグリニッジ・ビレッジにあるFair Folks & a Goatカフェでは、月額三五ドル（約四，〇〇〇円）でコーヒー、紅茶、ラテ、エスプレッソ、レモネードが飲み放題だ。

サブスクリプションとは、定期購読、加入契約などの意味を持つが、会員制サービスへの加入や、一定期間に定額でいくらでもコンテントを視聴できる販売方式などを指す。また、ソフトウェアの分野で、期限付きの使用権（ライセンス）や、一定期間サポートを受ける権利などをサブスクリプションということもある。

こうしたサブスクリプションの動きは、脱店舗販売を加速させ、ひげ剃り用品、化粧品やアウトドア、ビーガンのレシピと食材配達などにも及んでいく。

今ベルリンでは、Airbnbなどの民泊禁止令の影響もあって、賃貸アパートの借り方にも変化が起きている。アパートの月額料金の中に、光熱費やインターネット、家具一式の利用料が含まれ、借り手が個別に各種インフラ企業と契約する手間を省く物件が増大している。これはリアル・エステート・

テックと呼ばれるスタートアップの動向であり、住まいのサブスクリプションの一例だ。

ブロックチェーンへの期待

インターネットは、主流のメディア産業だけでなく、個人表現の大規模な拡大をも可能にした。コンテント企業への対価の支払いを行う人々はまた、個人のクリエイターにも支払いを開始している。彼らは、ポッドキャスター、ユーチューバー、小説家、漫画家といったクリエイターを支援する。クリエイターの幅広い層とつながり、コンテントを作る人々とそれを享受する人々の間に密接な関係が生まれている。

「クリエイターが創造的な事業を営んでお金を稼ぎ、重要なファンを集め成長の活力を得るための最適な場所を構築する」と宣言するのは、サブスクリプション革命をリードする企業のひとつであるPatreonだ。これは、サポートしたいクリエイターなどにファンが毎月一定額を支払えるサービスだ。Patreonは、Kickstarterのように特定のプロジェクトに資金を提供するのではなく、定期的にクリエイター個人に資金を提供する。クリエイターのファンやパトロンは、定期的に、あるいはクリエイターが作った作品ごとに寄付することができる。

他のサブスクリプション・サービスも急成長している。音楽配信サービスSpotifyでは、有料サブスクライバーが劇的に増え、二〇一七年三月に五，〇〇〇万人に到達したと発表した。二〇一六年九月の段階で有料会員は四，〇〇〇万人だったことを考えると、わずか半年で一，〇〇〇万人の新規ファンを追加できたことになる。これは、世界中の人々がストリーミング音楽への支払いに目覚めていることの証明だ。

音楽配信ビジネスの未来に関する優れた報告書に「フェア・ミュージック：音楽産業における支払いの流れと透明性──音楽業界における透明性の向上、摩擦の低減、公平性の促進に関する勧告」がある。Apple Music は二，〇〇〇万人のユーザーを集めるのに一八カ月を要し、それでも大きな成果と見なされてきた。映画配信大手の Netflix は、二〇一七年の第一四半期に全世界で五〇〇〇万人の新規会員を追加し、現在の加入者総数は一億人に達している。

しかし、Spotify に多くの人々が「対価」を支払っていても問題は残っている。メジャーレーベルは Spotify から相当額の金額を受け取るが、その金額の全てがアーティストに支払われるわけではない。推定二五％のアーティストが権利の帰属問題で対価を支払われておらず、大多数のアーティストにとって、ストリーミング収入だけで安定した生活を送ることは困難なのだ。

将来、ブロックチェーン技術のような分散データベースを使用することで、アーティストは自分の作品のアップロード、マーケティング、販売を全て支配する権限を持つことが可能となるかもしれない。この技術は Spotify にとっても、ホストしている曲を個々のアーティストに帰属させることで支払いの不透明さを解決することが期待できる。事実、TechCrunh の記事によれば、Spotify は先ごろ、ニューヨークのブロックチェーン・スタートアップMediachainを買収している。

アーティストの身近な努力としては、FacebookやInstagramやTwitterによってファンと密接な関係を築くことができる。彼らは商品を販売し、特別なファン限定プロモーションやコンテントを提供することができる。また、ファンを見つけたあと、Patreonのようなサイトを使用して、最も忠実なフォロワーから報酬を得ることができるのだ。

意思の経済から生まれるエコシステム

人々は、トランプ政権発足や偽ニュースの氾濫を機に、大手ニュース事業が担ってきたジャーナリズムの信頼性や独立性を、自らの「意思（Intention）」として支え始めている。コンテント産業の持続可能性の基盤となりつつあるサブスクリプション経済の台頭は、ピーク・コンテントの危機から脱するひとつの解決策となっているのだ。

最後に重要な疑問が残る。なぜ人々はコンテントの対価を支払うようになったのか？　それは、コンテントの消費者であり生産者ともなった世界中の人々にとって、自らの表現やコミュニケーションにコンテントが日々必要不可欠となったからだ。

音楽、映画、小説、ニュースなどから、僕らは多くの刺激と充足を得ている。衣食住のように、僕らは生活を営む上で必要なコンテンツを求め、可能な限りその対価を支払うことで情報のエコシステムに自らの意思で参与している。

顧客の情報収集能力が格段に高まり、製品やサービスは顧客の明確な「意思」により選択される時代が始まろうとしているのかもしれない[註五]。世界中で厳格化する個人データ保護規制の影響下、各顧客に向けたターゲット広告をブロックしようという動きもある。従来の売り手主導の顧客関係管理（CRM：Customer Relationship Management）だけではなく、顧客が自らの意思で売り手を選択する顧客主導の経済では、売り手に顧客（買い手）の意思を伝え、ベンダーと積極的につながることで利益を手にするベンダー関係管理（VRM：Vender Relationship Management）などの仕組みも整備されつつある。

僕はクロイツベルクにあるコミュニティ映画館が好きだ。毎日、世界の多彩な佳作が上映され、地域コミュニティーの交流の場としても機能している。このようなコミュニティー映画館もいずれ世の中から消えてしまうのか？　いや、多分こうした映画館こそ、これからも大切に守っていきたい。そのためには、僕らがこの映画館に頻繁に通うことだ。そんな思いを抱きつつも、押し寄せる進歩の強風に、立ち止まってしまうのも現実なのだ。

コンテンツを主とするスタートアップは、デジタル社会の変化を先取りし、新たなエコシステムを日々構想している。

［註一］ベルリンを拠点とするハッキング研究とコンサルティング・シンクタンクである「Security Research Labs」は世界をリードするサイバーセキュリティ・ファームである。

［註二］『ベルリンのカフェ　黄金の一九二〇年代』（ユルゲン・シュベラ著、和泉雅人・矢野久訳、二〇〇〇年、大修館書店）九〜一〇頁

［註三］登録メンバー数が一五〇名以上のコワーキングスペースが劇的に増大している。世界のコワーキングスペースに登録されたメンバー数の平均は一二九名で、コミュニティ構築への参加と共創の利益を享受するメンバー数は一五〇名規模が最適とされている。

［註四］「2017 Global Coworking Survey」によれば、コワーキングスペース・メンバーの六一%は自ら利用料を払う独立した専門家で、次いで二六%と多いのが、企業の従業員であり、雇用主が利用料を負担している。

［註五］ドク・サールズが提唱した「Intention Economy」（意思の経済）に関しては、その著書『インテンション・エコノミー　顧客が支配する経済（Harvard business school press）』（ドク・サールズ著、栗原潔訳、二〇一三年、翔泳社）を参照。

Ausgang
Tempelhofer Ufer
Hallesches Ufer
Deutsches Technikmuseum Berlin
4

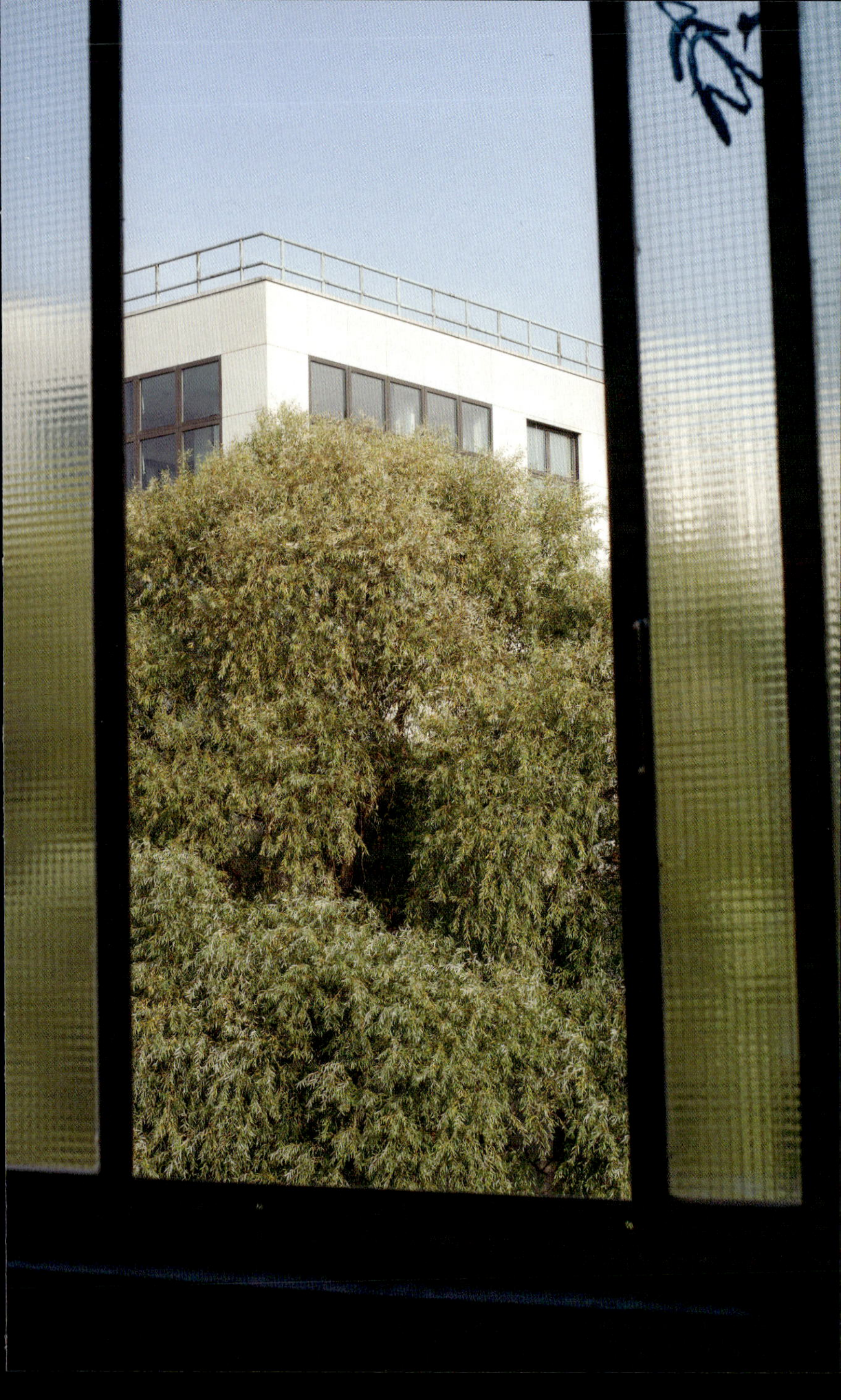

6章

クラブカルチャーと地下の経済

1 ベルリンテクノの過去と未来

テクノとは何か？

ベルリンは、世界のテクノ首都と呼ばれている。しかし、誰もがテクノをある種の音楽だと知ってはいるが、テクノとは何かを即座に語れる人は少ない。テクノが実際何であるか？　その定義も曖昧だ。それは延々と反復されるビート音のことなのか？　それはどこから来て、誰なのか？　これらの謎は解明されるべき価値を持つ。

これまで折に触れて紹介してきたとおり、テクノはベルリンにとって特別な意味をもってきた。それは単なる音楽にとどまらず、人と人とをつなげ、新たな文化を生み、ベルリンをベルリンたらしめてきた。

まず、テクノの基礎から始めよう。テクノを他の音楽ジャンルと区別する最も重要な特徴は、四分音符の反復的なベースドラムにある。その先駆であるハウスとは対照的に、単純にいえば、ベースドラムとそれに続くシンバルの金属音が特徴だ。テクノはデジタル音楽制作技術に基づき、その多くはシンセサイザーやドラムマシンで合成される。実際の楽器やライブではなく、スタジオや家で作成されたデジタル音源をリアルな空間に優れた音響装置で解放することであり、ライブで演奏することはほとんどない。

この電子音楽の新たなジャンルは、二〇世紀の多様な音楽ジャンルがそうであったように、最初は米国で生まれた。シカゴとニューヨークは八〇年代にハウスミュージックの拠点となっていたが、それはディスコ・ミュージックに根ざしたものだった。クラシック・ハウスのトラックは、ソウルフルなボーカルから、エネルギッシュなピアノパートやバイオリンの響きまでを包み込んでいた。

群衆が曲の頂点に叫び、誰もが空中に手を放ったとき、ダンスフロアでこれらの瞬間を作るのは、高揚した感情だ。しかし、デトロイト・テクノの先駆者たちは、そうした感情のドラマより、廃墟の地下の暗闇から湧き上がる集中力に焦点を当てた。一九八〇年代後半からのベルリンのＤＪたちは、デトロイトと深い関係を持った。デトロイト・テクノの先駆者たちは、インストゥルメントとハウスのサウンド構造を融合させ、より暗く激しく、インダストリアルにも聞こえるトラックを作った。それがデトロイト・テクノ（Detroit Techno）の始まりである。

ベルリンテクノの誕生

ヨーロッパ各地はこの新しい音楽ジャンルの誕生に熱狂した。ロンドンやベルリンのような都市では、テクノの初期シーンのハブが作られた。ドイツ統一直後、ベルリンの廃屋や遊休施設は、地下テクノ登場のための聖域だった。バンカー（Bunker）、プラネット（Planet）、E‐ヴェルク（E-Werk）、トレゾア（Tresor）、またはベルクハインの前身であるオストグート（OstGut）などは、一九九〇年代を代表する世界的なクラブとなっていった。

しかし、なぜ人々はテクノに魅了されるのか？　それは大音量で、暗く、攻撃的でさえある音だ。もし暗闇の中で、ナイトライフで自分自身を失っているように見える人々を見渡し、そしてこの音楽に触れたなら、催眠的な性質を感じるはずである。

テクノをひと言でいえば「瞑想」かもしれない。反復されるバスドラムが催眠的な状態に僕らを引き込むからだ。他の人にとっては、ヨガや禅とも形容され、癒しの静寂にさえ辿りつく。現在、トレゾアの入り口付近の庭には「デトロイトの茶室」が建てられ、特別な瞑想の部屋すら設置されている。クラブの内部では、多くの人が反復的な音に浸り、踊り、「私」について考え、「私」は人生で何をしているのかを考える。結局のところ、人間は自分の心臓の鼓動よりも「何か」なのだ。

ハウスとは対照的に、テクノは自分の頭に何が起こっているかについて知る。テクノのダンスフロアはいつも暗く、群衆は暗闇の中に漂っている。僕らの社交を支えるクラブとは、僕らを見守る家でありコミュニティだ。テクノは、僕らの脳だ。

テクノナレーション

さて、テクノの基本、歴史、心理学を得たが、テクノの体験の醍醐味とは何か？　ベルリンでテクノはいかに人々に「活用」されているのか？　例えばハウスセットは、しばしば短編小説のようなものだ。そこから僕らは少しの物語を得ることができる。一方、優れたテクノセットは、三〜四時間の長編映画のようなものだ。あなたが本当にそれを得るためには、聞いて瞑想することだ。長編映画を二〇分で観てくれと主張することはできないのと同じで、テクノは僕らの内部に生成されるストーリーの舞台装置なのだ。

ベルリンテクノのストーリーテラーは誰か？　ドイツの首都を舞台に、特別な週末をセットする世界的に有名なＤＪたちは誰なのか？　この探求は、禅の導師を探すような旅でもある。今、準備ができていると感じたら、テクノへの侵入を始めよう。

クラブにおけるドレスコード

テクノクラブでは、個人の主張は控え目な方が良い。全身黒でミニマルな服装がベストだ。ベルクハインのバウンサー（ドアマン）と、襟つきのシャツやいかにも都心のビジネスパーソンのような恰好とでは相性が合わない。テクノクラブの空間で派手な恰好で目立つことは望まれない。そこがディスコとの違いだ。ベルクハインで入場を待つ間も、バウンサーがあなたを遠くから見ている。

入場を待つ間、無駄話はせず、口元は閉じ、大声で笑ったりしないことだ。テクノの聖堂（禅寺）に入るため、無心の、真摯な自分を見つめることだ。バウンサーと対峙した時は、彼の目を見て、真剣な思いを無言で伝える。笑いを誘い、キャッチーな目で入場を懇願するのは避けなければならない。ここに自分が入ることが自分の使命であるかのように、真剣な思いで静かに彼を見るように。ベルクハインの入場は、神秘的な儀式だ。バウンサーだけが、来訪者の入場を決める「心眼」を有している。

2 ベルクハインのマジックアワー

クラブの経済価値

世界のクラブカルチャーの頂点がベルリンのベルクハインだ。旧東ベルリン発電所のタービンホールをダンスフロアに変え、夜間経済やテクノツーリズムを牽引しているそのクラブは、一度自らの眼と耳で、そして触覚と嗅覚、味覚とで体験すれば、その「シーン」を忘れることはない。映画や小説の一シーンのように、その広大な空間に投下されるテクノの音群とライト、そして踊る群衆。それらが一体となった「シーン」こそ、世界の夜間経済をリードし、ベルリンの産業遺跡の圧倒的な空間と相まった特別な体験へと昇華させるのだ。EUのLCCを利用して、ベルリンに集まる世界の若者たちのほとんどがクラブへと足を運ぶ。そこはまた、クリエイティブ経済やスタートアップを育む場でもある。欧州の三大クラブカルチャー都市、アムステルダム、ロンドン、そしてベルリンの今を見ておこう。

クラブカルチャーの原点

一九六七年、アムステルダムのヴレイエ・ゲメエンテ教会（Vrije Gemeente）を当時のヒッピーたちがスクウォット（無断占拠）し、ボトムアップの音楽空間が誕生した。このクラブはParadiso（パラディソ）と呼ばれ、現在もライブハウスとして世界のミュージシャンを魅了する栄光の歴史の原点だった。後にRoXYやClub 11、最近ではトラウ（Trouw）からデ・スクール（De School）へと受け継がれてきた絶えざる革新が、アムステルダムのクラブカルチャーだ。アムステルダム東部のWibautstraatにあったトラウ（信頼、忠誠の意）は、元新聞印刷工場を活用した複合的なクラブだった。クラブオーナーでありDJでもあるオラフ・ボスヴィークによって創設されたトラウは、食、音楽、アートを融合し、アムステルダム市から二四時間ライセンスを取得した最初のクラブだった。オラフはトラウの後、新たなクラブ、デ・スクールを創設した。

かつてのデトロイト、ニューヨーク、そしてベルリンと並び、アムステルダムはテクノの中心地だった。二〇〇九年から二〇一五年までの間、世界のクラブカルチャーを牽引してきたトロウは、ダンスフロアだけでなく、アートギャラリーやレストランを併設した複合展開により、現代のライフスタイルが求めるクラブの刷新を先導した。

ここで言う「クラブ」とは、多彩なDJが生み出す音楽（テクノ、ハウス、EDMなど）とそれを支える優れた音響システムを持ち、制御可能な照明と一〇〇人程度の小箱から一，五〇〇人以上を許容する大規模なダンス空間、アルコール販売が可能な夜間営業ライセンスを持つ社交空間のことである。

オランダでは、多くの都市にナイト・メイヤー（夜の市長）と呼ぶ存在がいる。アムステルダム市長を筆頭に、夜間のエンターテインメント・コミュニティのために尽力するメンバーは、夜間経済に関わる行政機関との健全な関係を構築する。夜間市場に生じるさまざまな問題がエスカレートする前に課題を調整し、地方自治体や警察の貴重な時間と費用を節約するのだ。クラブが都市の経済活動の主要な拠点であるという認識は、欧州の共通の理解にまでなっている。

英国のクラブカルチャー、夜間経済の再生

英国のクラブカルチャーの栄光は、近年大きな転換期を迎えている。過去一〇年間に英国内のクラブの五〇%が閉鎖しているのだ。二〇〇七年から二〇一五年の間に、ロンドンは草の根音楽会場の三五%を失ってきた。新しいミュージシャンを育成する一三六の音楽スペースも減少し、今では八八のスペースが辛うじて残っている。Astoria や Marquee Club や 12 Bar Club のような象徴的な名前は地図から消えている。

この事態に危機感を抱き、業界団体であるナイトタイム・インダストリー・アソシエーション（以下、NTIA）が結成された。今や Dance Tunnel をはじめ Cable や Passing Clouds などの有名クラブも閉鎖

に追い込まれている。このクラブの大量絶滅は、二〇一六年九月、英国のクラブカルチャーを支えてきたFabricが、二人のティーンエイジャーの麻薬関連死亡事件後に免許を取り消されたときにその頂点に達した。

しかし、音楽シーンは英国の基幹を成す産業である。今、観光客の多くはマダム・タッソーやバッキンガム宮殿には向かわず、彼らはXOYOやOval Spaceに向かう。クラブはロンドンの一部であり、地元の経済は音楽会場やその周辺から生産されるのだ。さらにファッション、コミュニケーション、PR、出版、メディアなどのスタートアップが音楽とともに成長している。二〇〇六年、当時無名だったアデル(Adele)は、12 Bar Clubで初演を行い、六年後の二枚目のアルバム「21」は、その年世界で一番売れた音楽リリースとなった。

NTIAによると、英国の夜間経済規模は六六〇億ポンド(約九・三兆円)の価値があり、クラブ、パブ、レストラン、音楽会場、レジャー、リテールなど、ホスピタリティとエンターテインメント業界には一三〇万人の雇用がある。この六六〇億ポンドという数字は、Brexit(英国のEU脱退)に伴う経済損失予測額と同じなのだ。

NTIAは、規制や法律のプレッシャーから地域のクラブを守りながら、英国文化における夜間経済の地位を再生しようとしている。ロンドン市もクラブや夜間経済の重要性を認識し、最近ロンドンの草の根音楽会場の救済に関する報告書を作成し、夜間経済の健全で持続可能な発展を模索している。

ベルリン、テクノツーリズム

今や世界最大のクラブカルチャー都市となったベルリンには大小約三〇〇のクラブがあり、日に五万人を受け入れることが可能だ。人気のクラブは人々のソーシャルな交流により評価されている。ベルリンには毎年三,〇〇〇万人の観光客が訪れるが、その主な観光目的にクラブを訪問すること人々も多い。

ベルリンの観光プロモーション組織visitBerlinが、二〇一〇年八月、一九,〇〇〇人の訪問者に「ベルリンで何をしたいか」を質問した際、三五%の人々がナイトライフを主な活動のひとつとして挙げた。ベルリンのクラブ訪問者のおよそ半数は観光客であると、ベルリン市の公的な商業組織であるベルリン・クラブコミッションが報告している。国際的に有名なクラブシーンを有するベルリンでは、二〇〇一年から夜間経済の健全化と経営支援を推進する「ベルリン・クラブコミッション」が組織され、コミッションに所属するクラブ事業者は一四〇以上に及ぶ。今やLCCの浸透によって、EU内に限らず、世界の若者たちが、気軽に欧州各地のクラブを訪れている。

壁の崩壊後、ベルリンの中心部には冷戦時代から放置された遊休施設が沢山あった。かつて東ベルリンにあった二つの発電所は、現在のベルリン文化を象徴し、テクノツーリズムの聖堂に姿を変えている。それがベルクハインとトレゾア（Tresor）だ。世界のクラブカルチャーの頂点として、世界中のナイトクラバーを魅了するベルクハインのメインフロアは、かつて東ベルリン発電所のタービンホールだった。そこにはむき出しの鉄骨の階段、コンクリートの壁、そして高さ一八メートルの天井がある。内部には一切の鏡がなく、トイレは男女共用、「聖堂」内の写真撮影は厳禁、入場の際のカメラは禁止、スマホのカメラ・レンズにはシールが貼られる。

ベルクハイン伝説の表の顔は、世界一厳しいと言われているバウンサー、スヴェン・マーカートの存在だ。ベルクハインには入場を待つ人たちで長い列ができる。入場が許される人は、あくまでベルクハインの世界観に適応できる顧客だけだ。全身黒で決めること。ただ、シャツや襟つきの上着はダメ、ニヤけて笑う入場者はハネられてしまう。真剣にテクノと出合う姿勢をバウンサーがどう判断するのか？ その基準は彼らだけが持っている。

クラブカルチャーを中心としたベルリンの音楽産業は、音楽レーベル、多彩な野外音楽フェス、クラッシック音楽からポップスのコンサート&イベント、電子音楽用のハードやソフトウェアなどの関連産業を含めると、総計二，一〇〇社で働く一万四，〇〇〇人以上の従業員により、年間一〇・二億ユーロ（約一，二三〇億円）の収益を上げている。

クラブとスタートアップ

クラブはスタートアップにとっても重要な場である。特にクリエイティブな起業家の苗床として、ベルリンのクラブカルチャーは世界的なデジタル音楽系の成長企業を生み出してきた。Native Instruments や Ableton のような最先端の音楽ソフトウェア・ソリューションを提供する企業の成功は、ベルリンのスタートアップ文化の隆盛の原点でもある。

ベルリンのミッテ地区、スタートアップ発祥のカフェ St.Oberholz で、ストックホルムから来た二人の若者が、世界中の音楽クリエイターとファンを直接つなぐオープン・プラットフォームのアイデアを練っていた。アレックス・リュングとエリック・ウォールフォースによって二〇〇七年に設立された SoundCloud は、現在三億ドル（約三四〇億円）の収益を達成し、ベルリンを代表するイノベーターコミュニティである Factory に本社を構えている。彼らは、ベルリンのクラブ・ネットワークから多くを学び、テクノ音楽分野をリードする急成長企業となったのだ。

ベルリンから、テクノ系スタートアップに限らず、年間五〇〇の有望スタートアップが生まれる要因は、クラブカルチャーを抜きには語れない。有名クラブやＤＪ、そして聴衆のニーズを素早く察知する音楽系新興企業の多くが、シュプレー川沿いに集積している。こうした基盤の上に、Spotify のような音楽ストリーミング大手も、ベルリンで着実にそのアイデンティティを確立することができるのだ。

ベルリンの音楽経済の特徴は、未来の音を生み出す「シーン・エコノミー」（場の経済）なのだ。象徴（名声やシンボル）としての場からは多様なビジネスの地層が絡み合い、相乗的な経済が生まれる。テクノに限らず、クラブのような象徴的な場と社交からは、ファッション、コミュニケーション、P

R、映像、マーケティング、飲食などの全ての分野に広がるトレンドが生まれ、多彩なスタートアップをはじめ有名ブランドにとっても、鋭敏に新ビジネスを構想できるのだ。これがクラブに端を発するシーン・エコノミーの醍醐味でもある。

ベルリンのマジックアワー

ベルリンでは、クラブを目的に街を訪れる観光客の巨大な流入がある。そして、アムステルダムでは毎年一〇月、ADE（Amsterdam Dance Event）に参加するため、世界各地から約四万人がスキポール空港に降り立っている。

テクノツーリズムを支えるインフラとして、ベルリン、ロンドン、ニューヨーク、アムステルダム、東京など、世界中のクラブと個人をつなげるソーシャルアプリがResident Advisor（RA）だ。二〇〇一年に設立されたRAは、世界中のクラブ、電子音楽、DJ、イベントを紹介するためのオンラインコミュニティ・プラットフォームである。RAは世界に三五〇万人の読者を有している。音楽ファン、クラブ愛好家、DJ、プロデューサー、会場所有者、プロモーター、レコードレーベルにまたがる聴衆は、世界中のエレクトロニック・ミュージック業界を支えるためのインフラなのだ。

今、クラブにとって二四時間ライセンスの取得は重要だ。実は二四時間の自由を持っていると、人々に多くのオプションを提供できるからだ。例えばベルクハインで踊る最善の時間は、日曜日の午後三時から午後九時と言われている。物事があまりにも規制されている場合、新しい音楽、新しいファッション、新しいアートは出現しにくい。それぞれのクラブが持つマジックアワーにこそ、創造的な何かが起こる可能性があるのだ。

クラブカルチャーの課題

ロンドン、アムステルダム、ベルリンに共通しているのは都市のジェントリフィケーション（高級化）の問題だ。都市の発展と共に地価の高騰や新たな住民がクラブの騒音を訴えるケースの増加など、街のナイトライフに影響を与え続けている。都市の成長とクラブカルチャーの持続可能性とのジレンマの中、それぞれの都市の取り組みは続いている。

ベルリンではクラブコミッションによって、大小さまざまなクラブがどこに点在しているのかの正確な地図が作成された。その地図を参照すれば、クラブの隣に新しい家を建てる建設業者は適切な防音対策に取り組む必要がある。地域住人との共生のための正しい法律ができることで、クラブ事業者は多くの利益を得て、それを都市に還元することができる。今、クラブカルチャーと都市のエコシステムは成熟の時代を迎えている。その意味で、行政担当者、都市計画、建設業界との対話は、夜間経済の価値を互いが認識する上で重要なのだ。

今、クラブは観光客を魅了すると同時に、地元の若者たちのビジネススクールの役割を担っている。クラブに通い、多様な人々と交流を持つことで、スタートアップのアイデアや起業家精神の基本を学ぶこともできる。そこは昼間の大学では経験できない夜の学校なのだ。クラブは、テクノに全身揺さぶられる場だけではない。夜の扉を開け、世代や職業、人種や文化の壁を超え、昼間に出会うこともない人々と交流し、そしてＤＪミックスのように、斬新なアイデアや自在な編集力が育成される夜間コミュニティの場なのだ。

3　シーン・エコノミーとは何か？

シーンとは何か？

これまでサブカルチャーと「シーン」についての研究をレビューすると、日本ではアニメやマンガの「聖地巡礼」といった観光分野の研究はあるにせよ、欧州ではその経済的側面はほとんど未調査のままだった。これまでのところ、クラブシーンやアンダーグラウンドシーンといった、特定の地層からの経済は、文化産業の一部（現在ではクリエイティブ産業と呼ばれている）として、ほとんど経済的な観点からは調査が進んでいなかった。

僕が「シーン経済」の経済的効果を教えてもらったのは、ベルリン・クラブコミッションの理事、マルク・ヴォールラーベからだった。ベルリンの音楽シーンを「アンダーグラウンド」やテクノやハウスミュージックに基づいて分析した結果、クラブ、マーケティング、予約、ショップ、メディア、ディストリビューターなど、クラブと連動する小規模かつグローバル化された起業家の基盤があることが判明している。クラブやレーベルのオーナー、プロモーター、DJ、ブッキング、代理店、クラブスタッフなどのエコシステムだ。彼らは、共通の文化的で美学的に不可欠な音楽文化である「シーン経済」に根ざした独自の価値創造と経済連鎖を持っている。

いつの時代でも、主流文化とサブカルチャーとの境界は依然とぼやけたままだ。主流文化と異なる文化的生産方法や境界を設定することで、サブカルチャーは独自の内部階層（生産と配布などの独自構造）を生み出していることがわかる。主流文化もその裏返しだ。サブカルチャーのアイデンティティとその文化経済構造は、日本のコミケやオタク文化の影響もあって、ここベルリンでも議論されている。

アンダーグラウンドとは？

「アンダーグラウンド」という単語は、パンクだけでなく、テクノでも頻繁に使用される。しかし、普通の会話では、あまり歓迎されない言葉でもある。多くの人々が、この言葉は今日ではあまり意味がないと主張する。日本でも「アングラ」が死語となっているのと同じように、欧州でもこの言葉は二〇世紀の遺物となりつつある。「地下や秘密の経済」となるとなおさら、それは闇市場や「不適合」な経済となり、一般の投資家や大企業を遠ざけてしまう。

しかし、これは事実と異なり、説明するにふさわしい理論の欠如があるではないか？　今でもこの用語がなぜ音楽シーンの談話の中心となるのか？　実は人々は、物事やトレンドが、より「地下」にあることを好む。テクノレーベルのオーナーは言う。「ベルリンにレディ・ガガやポール・ヴァン・ダイクは似合わない。ここは地下の首都だ」と。確かにベルクハインはベルリンのトップクラブだが、入り口でバウンサーが入場者を選ぶ儀式の神秘性によって、そのアンダーグラウンド性は維持されている。そして、ベルリナーにとっては、名前の知れたクラブよりは、秘密に開催される「地下」のパーティーや一夜ごとに移動するクラブの方が、本当のベルリンのクラブシーンだと信じる人は多い。皆、秘密に魅了されるからだ。

「アンダーグラウンド」という用語は、ベルリンでは何を意味するのか？　ホルツマルクトに継承されたヒッピー文化や対抗文化の永遠のファンタジーなのか？　それは社会的に電子ダンスミュージックの文化に根ざしているのか？　ナチス時代の地下要塞なのか？　「アンダーグラウンド」を理解するための回答はあるのか？　二〇世紀のアンダーグラウンド文化から半世紀が経過しているにも関わらず、未だに「アンダーグラウンド」が息づき、なぜ消滅しないのかを明確に説明する方法もない。僕はその答えが、ベルリンの「シーン経済」にあるように思う。

これまで「シーン」は、文化産業（あるいは現在ではクリエイティブ産業）の一部として、経済価値の対象にすらなっていなかった。音楽業界は、音楽の生産力を、いわゆる独立系およびメジャー系に分類し、販売のサイズ、音楽の専門性および独創性に沿って区別して、グローバルおよび国の音楽市場のアクターとしてだけ見てきた。舞台（場面）に登場するアクター（人や景観）が、シーンを作るということ、それが螺旋状に循環した経済を作ることをまだ多くの人が理解していない。

アップデートされる地下シーン

クリエイティブな産業は、恐らく革新的な計画や製品が生み出された都市や、多彩なスタートアップを生む「シーン」にフォーカスする。さらに、都市と国家経済の魅力を打ち出す主要な推進要因として、「シーン」が集合する地域を包含しようとしている。この視点の特徴は、音楽業界の視点から経済構造にアプローチするのではなく、経済産業の観点から特定のシーンにアプローチするということだ。

二〇一〇年代に入り、ベルリンのテクノ音楽研究家ヤン・マイケル・クーンは、電子ダンスミュージックシーンの経済圏を定義するために、「シーン経済」という用語を提唱した。「アンダーグラウンド」な電子ダンスミュージックシーンの「シーン経済」とは、独自の組織性を持つ経済分野を表している。この論理の基礎は、電子ダンスミュージックの特定の文化や市場関係から生じる。シーンのインフラと価値創造の連鎖内に、特定の関係があるということだ。具体的な構造を理解するためには、次の点を考慮する必要がある。

産業ベースの文化経済の代わりにシーンベースの文化経済があるということ。音楽文化の重要な役割として、その内部には異なる文化的な階層や役割があり、シーン経済を維持するための、時代とともにアップデートされる構造があるということ。何より、テクノ音楽文化の本質、そして「地下のシーン」の魅力が重要だということだ。アップデートされるのは、組織や構造だけでなく、実は「アンダーグラウンド」なシーンそのものでもある。

個人の文化的な関心に関するピエール・ブルデューの理論を参照してみよう。彼は、個々人の文化的関心が、一般的に二つの極に向かう傾向に気づいた。彼の言う「自律的な極」は、その文化的方向性によって定義された。まず一つの極は、政治的、道徳的、経済的な関心事よりも、芸術そのものを最優先させる人々の存在だ。他方の極は、商業的な方向性を有する人たちだ。芸術は市場性に基づいて制作され、他の商業のように、芸術も一つの商業形態として存在しているという論理である。この対極の双方は、互いに価値を創造し利益を上げる方法を持っているが、お互いは常に緊張している。芸術の追求と経済の追求はいかに両立できるのか？　芸術的な感動とマネタイズの欲求はいかに両立できるかという基本的な問いである。

この緊張感は、電子ダンスミュージックにも存在する。テクノミュージックが家庭に浸透する前、ベルリンのクラブ、野外パーティーの文化は、商業主義から遠く離れたものだった。反対側では、大量生産と利益を重視したEDMの「ダンスポップ」や「トランス」が生まれ、売り上げを増やすことを追求した。両方の極は、成功の定義が大きく異なり、美学と生産形態も大きく異なった。

自分のアイデンティティを追求するサブカルチャーは、不必要な外的影響や政治的、道徳的、経済的手段化に対して、独自の美学や魅力的なコアを維持するために苦戦してきた。だから「アンダーグラウンド」であり続けながら、自律した経済基盤も確立しなければならなかった。

ポストモダンなポピュラー文化のダイナミクスを理解するためには、音楽シーンのサブカルチャーとポストサブカルチャーの対立を克服する必要がある。現実は、ハウスやテクノなどの電子ダンスミュージックの場合でも、厳密にはどちらか一方の極ではない。小規模の地下音楽文化とその大規模なカウンターパートが示唆するように、他の音楽分野においても、両者は密接に絡み合っており、同時に互いを区別している。

シーンベースの文化的な生産過程やテクノとの連携は、音楽やクラブに情熱を燃やし、クラブを頻繁に訪問する人を増加させた。初めの参加は受動的な状態だが、人々は特定のサブジャンルを探したり、特定のＤＪに師事したり、クラブに関する特定のシーンに特化した知識を得ることができる。つまり、シーンが多彩な経済活動の入り口であるという現実だ。

シーン経済のバリューチェーン

一九八〇年代半ばから、ドイツ語圏の少数の人々によって駆動された電子ダンスミュージック（ＥＤＭ）シーンは、一九九〇年代後半にベルリンの主要な音楽スタジオやレーベルを生み出した。それは、一九九五年頃にピークに到達した。特にベルリンでは、ベルクハイン、トレゾア、ウォーターゲート、Mikz、ゴールデンゲート、ハイグレードのようなクラブが着実に成長し、テクノのメッカとなっていった。

経済活動の組織化では、シーン特有の組織化やキャリア形成という複雑なネットワークが形成されている。第一に、「DJ」としてよく知られた役割には、メディアとしての宣伝力やクラブの集客までが含まれる。このネットワークには、ディストリビューター（レコード、CD、音楽ファイル）、ビジネス（オンラインとオフライン）として、シーン固有の組織形態で働くプロデューサー、ブースター、プロモーター、クラブマネージャー、代理店マネージャーと、代理店（マーケティング、広報、予約、マスタリングおよびその他のサービス）が含まれる。

シーン経済は独自のバリューチェーンを持っている。ラジオ、映画、テレビの曲を制作するのではなく、音楽制作者は大量のクラブで使用するためのミックス可能な音楽のトラックを作る。この音源は、独自の美学（ハウス、テクノなど）から始まり、そのジャンルの典型的な構造（イントロ、ブレークダウン、メインセクション、ブレークダウン、メインセクション、アウトロ）に従って発展し、意図するゴールで終わる。クラブの優れたサウンドシステムで演奏され、複雑で個々のDJによって数時間のセットにミキシングされると、聴衆は踊り瞑想する。

レコードやCDの製造、飲料（「ビールエコノミー」、エネルギードリンク、ウォッカなど）、技術（ターンテーブル、ソフトウェア、ハードウェアなど）の提供など、多くの外的要因がこの経済的プロセスを可能にし、洗練させる役割を果たす。クロイツベルクのシュプレー河畔に集中するデジタル音楽系スタートアップも、このテクノテックに深く関わる企業群である。

ベルリンのクラブカルチャーが生み出す「シーン」は、この都市の成り立ちのように、常に上流の文化では実行できない地下の「先進性」に依存している。地下に生き続け、上流文化に対抗しつづける姿勢や態度もシーンの要素となる。テクノ特有の反復的で睡眠的なビートの意味や効力が、秘密のまま維持される。それを知るには、ベルクハインの入場をパスした者だけの特権だという神話も、次の時代がくればアップデートされる。「地下のシーン」は、いつの時代にも必要な、人々の「秘密」への探求と重なっている。クラブは、人々に秘密を授け、その秘密を安全に守ってくれるセーフティ・ボックス（金庫）なのだ。

人々は、地下にある秘密を求めて、ベルリンを訪れる。

4 トレゾア（金庫）とクラフトヴェルク（発電所）

廃墟の探索

ベルクハインとともに、ベルリンを代表するクラブがトレゾアだ。「金庫」を意味するこのクラブは、一九九一年三月一三日、荒廃したポツダム広場に廃墟として残っていた旧ヴェルトハイム百貨店の地下金庫で開店した。当時そこが、四半世紀を超えてベルリンのクラブシーンを牽引する場所になることを誰も想像さえしなかった。

一九八九年、ベルリンの壁が崩壊するのと同時期、僕は東京芝浦に新たに出来る「GOLD」というクラブの開設に関わっていた。一九八〇年代、ニューヨークで「学んだ」クラブの設置や運営のノウハウを東京で活かす時が来た。東京芝浦の大型倉庫が、マンハッタンの知られたクラブを凌駕する時でもあった。時は日本のバブル経済が頂点に達し、溢れる金が行き場を求めて消尽される時代だった。GOLDは時代を反映し、東京を世界有数のクラブ文化発信地に変えた。豊穣なエネルギーは蓄積するのではなく、消費され尽くされる必要があったのか？　その後、わずか二～三年の間で東京のクラブ文化も風営法の施行により、急速に沈下していった。

僕が一九九〇年のベルリンに降り立ったのは、ニューヨークや東京が失った、あるいは自分が見失った何かが、ベルリンにあるように感じたからだ。それは、かつて一九八〇年代の初めに、マンハッタンにいくつもあった廃墟が、ベルリンに集約され、その廃墟がいかに都市の変貌や進化に重要な役割を演じたかを再考する機会だった。

ベルリンのように、一世紀に及ぶ激動の建築遺跡が残る街は、ディミトリ・ヘゲマンのような人々にとって、「宝庫」のような街だった。一九九〇年、「空間探検家」を自称していたヘゲマンは、ポツダム広場のベルリンの壁近くにあった一階建ての建物にアートギャラリーを開いた。彼はすぐにその場所で、一九三〇年代に栄華を誇ったヴェルトハイム百貨店の地下金庫につながる扉を発見した。その場所が、後に伝説的なテクノクラブとなる「トレゾア」の始まりとなった。そこは、ベルリン統一後の混乱と創造性の象徴ともなった。

トレゾアは当初、アートギャラリーとしてのライセンスを受けただけで、わずか三カ月間のリースから始まった。ベルリン市当局は、その会場がすぐに閉鎖されることを期待していた。このトレゾアの位置したポツダム広場は、すぐさま始まる首都ベルリン復興の中心地の一つだったからだ。当時はコンクリートやレンガの建築ではなく、鉄骨とガラスの高層建築が、ベルリンの復興を象徴する新しさだった。廃墟のクラブなど、当時のベルリン市にはお荷物にさえ思えた。

過去二五年にわたり、トレゾアはテクノとパーティーを巡るベルリンの歴史の中で、多くの伝説を作り出したクラブとなった。クラブは世界的な音楽と若者の社会参加の形成的な出発点となった。トレゾアの地下は、銀行の金庫をダンスフロアに変え、独特の音響と濃い霧に包まれた、後のテクノクラブの典型を作り出していた。

「金庫」はその場所の起源だったが、テクノに集中するために、そのセーフティボックスに東西のベルリナーが預けたのは、東西ベルリンの分断された価値観や日々の生活習慣だった。そこから、テクノという共通言語を得て、東西ベルリン人の融合が始まることになった。同時にその場所は、クラブの創設時に一緒に踊っていた二つのドイツの若者たちの社会的な成功を象徴する場になった。デトロイトのDJやアーティストにとって、金庫室の音は主なインスピレーションの源泉だった。現在、ベルリンとデトロイトは、両都市間で特別な友好関係を結んでいる。クラブが発信するレコードレーベルとしても、トレゾアはベルリン市の世界的な広告塔となった。

トレゾアからクラフトヴェルクへ

ジェフ・ミルズの三つのターンテーブルから生まれた伝説のクラブセット、九〇年代のラブ・パレードへの貢献、そしていくつもの世代を巻き込んだ刺激的なパーティーの数々を経て、ベルリンのクラブ史にトレゾアはその名を刻んできた。しかし、トレゾアの歴史は波乱にも満ちていた。東西統合後の首都再建により、ポツダム広場周辺では大規模な開発計画が進み、ソニーセンターや大規模商業施設「モール・オブ・ベルリン」の建設が始まると、初期のトレゾアは閉鎖に追い込まれていった。二〇〇五年、ついに初期の場所の閉鎖と解体が起こり、一〇数年の物語を抱えながらも、トレゾアは亡命者のように彷徨うことになった。しかしトレゾアは、二〇〇六年、ついに新しい場所となる旧東ベルリンの発電所跡地で復活した。

ディミトリはかつて「遺跡や未完成のものに惹かれる。それらは秘密を保持しているからだ」と言った。不動産投資家がクラブを閉鎖するように圧力をかけてから二年後、当時五二歳の彼は、より壮大な空間に目を向けた。二〇〇一年以来放棄されていた旧東ドイツの発電所は、巨大な建物だった。新しいトレゾアの拠点となるだけでなく、世界的に評価される芸術文化空間であり、アートの聖堂が起動した。

二万三、〇〇〇平方メートル、もともとのタービンホールは巨大だ。三〇メートルの高さの住宅さえ、この空間に難なく収まる。同時に、この建物は超高層ビルなどと違い、「肉体的に知覚可能な存在」だった。その名の通り、「発電所」を意味する「クラフトヴェルク（Kraftwerk）」はベルリンの産業史の一部でもあった。一九六一年のベルリンの壁の建設にともない、ヤノヴィッツ橋がかかるシュプレー河畔に東ベルリンの発電所が新設された。アレクサンダー広場周辺の東ベルリン中心部の三八，〇〇〇世帯に地域暖房と電気を供給するためだった。一九九七年にはこの発電所が停止し、すぐ隣の新しい暖房発電所に引き継がれた。

その後、長い間沈黙していた東ベルリンの旧発電所は、トレゾアを地下に抱きつつ、大規模な展示会やイベントのための拠点となり、ベルリンの秘められた文化の電力を産み落とす子宮のような存在となる。電気エネルギーを生んだ空間と多彩な創造性が共鳴し、廃墟の中から壮大なアートスペースが生まれた。ディミトリ・ヘゲマンは、ロンドンのテート・モダンを参照し、ギャラリーに生まれ変わった発電所の文化的な威力を発見していた。

ベルリンは信じられないほど魅力的な歴史を持つ街だ。一九六一年、ベルリンの壁は、ドイツの都市を二つに分けて建設された。多くの家族が分裂し、西側と東側の両方が苦悩を抱えた。壁は一九八九年まで解体されず、東西ベルリンの人々の間には大きな分裂が生じていた。ベルリン人は、西側または東側のベルリン人となった。街も人々も分断されたが、この分裂が世界最大の音楽や自由自在なスタートアップ文化に発展をもたらした。

ラブ・パレードの登場

誰のものでもない空きスペースを引き継ぎ、自らの占有を主張できるかが、壁が崩壊する直前の東西ベルリンの一般市民が抱く希望だった。壁が崩壊した後、大学に通う学生住宅も不足していたため、学生たちも放棄されたアパートに住むと予測された。壁が崩れたあと、西ベルリンから東ベルリンに移動した人々（一般市民を含め、アーティスト、DJ、ハッカーなど）が、放棄されたアパートや空き家の不法占拠を行った。これにともない、多くのクラブも生まれた。クラブは放棄された不動産から一晩でポップアップし、次には消えていた。東西統合後の新しいベルリン市当局は、一九九〇年代末まで、旧東ベルリンにおける不動産所有権やその管理上の問題と対峙するのを先送りにした。放棄された建物を占有している人々やその中でクラブを運営する人と向かい合うことよりも、彼らには対処すべきさまざまな課題があった。

テクノは当時、西ベルリンと東ベルリンの分裂を癒すのに役立った。誰でもこのシーンに参加し、音楽を楽しむ時間を過ごすことができた。最初の公式ラブ・パレードでは、警察も皆とともに輪を作った。西ベルリン人と東ベルリン人は、その社会での地位にかかわらず、クラブやテクノに一緒に参加した。そしてこの状況が、彼らを再びベルリンの統一へと誘導した。

「ラブ・パレード」は、ベルリンにとってエレクトロニック・ミュージックがいかに重要であったかを示す奇跡的なイベントだった。ラブ・パレードは、世界で最も巨大で、人気のある電子ダンスミュージック・フェスティバルのひとつだった。それは一九八九年に〝Friede,Freude,Eierkuchen〞（平和、喜び、パンケーキ）をモットーにした政治デモンストレーションとして設立された。このモットーは、軍縮、音楽、公正な食糧生産と流通を意図していた。

最初のラブ・パレードは一五〇人ほどの参加者だけで始まったが、このイベントは急速に人気を得て、最終的には一〇〇万人以上の人々が参加した。ティアガルテンの戦勝記念塔を中心に、テクノを大音量で放出し、ヒッピー文化の「ラブ&ピース」を多様に装飾したパレード車両の数々で、ベルリン中心部が人の群れで埋め尽くされた。二〇一〇年、群衆の過密が原因で二一人の死亡事故が起こった。ラブ・パレードは、これらの人々を慰霊して、永久にその開催が取り消されたが、パレードの遺産は今でもベルリンの人々の心の中に生き続けている。

クラフトヴェルクの稼働

二〇〇六年にディミトリ・ヘゲマンが、クラブ「トレゾア」の新しい場所を探し、クラフトヴェルクの巨大建造物の遺跡の一部を再開発するまで、旧発電所は、発電タービンの撤去と空室の期間が続いた。ヘゲマンは、建物全体と一〇〇メートルを超えるタービンホールから放射されるエネルギーを直接肌で感じた。それは眠っている巨人のように見えた。彼は決断した。

ヘゲマンは、この眠れるエネルギーの巨人をベルリンの新しい文化創造拠点に変貌させる目的で、建物全体を精巧に改造した。芸術、音楽、建築のための潜在的で完全な、新しい芸術のためのスペースが立ち上がった。国際的に有名な音楽アーティストたちが、毎年夏に開催される「ベルリン・アトナル」のフェスティバルに参加している。ベルリンにとって特徴的な視覚芸術、メディアアート、実験音楽、映画、ファッション、パフォーマンス分野のアクターとプロデューサーとの多様な相互関係、

協力関係がここに集結した。命名された「クラフトヴェルク・ベルリン」は、ベルリンの新たな芸術文化拠点としての役割を担いつつある。

ロンドンを代表する現代美術館となったテート・モダンやパリのパレ・ド・トーキョーが先例となり、ヘゲマンは「発電所」を現代アートの聖堂に変えた。プレキャストコンクリートと鋼鉄の仮想大聖堂は、その暗闇に入り込む太陽光の薄い亀裂と青い蛍光灯の奇妙な輝きによって、圧倒的な空間を浮かび上がらせた。

東西統一以来、雇用創出産業や優良企業を惹きつけるために苦戦してきた都市は、ヘゲマンのような創造的な人材に助けられてきた。首都圏の文化アトラクションから時間外のクラブ、ギャラリーや堂々とした博物館までが、彼の提言や実際の行動力から影響を受けた。

ベルリンがそのアートシーンの可能性に目を覚ます時、ヘゲマンの提案はさまざまな共鳴を生んだ。ベルリンのアートが世界を牽引する画期的なものであると認識され始め、それは都市に多くの資金をもたらしている。これまで、彼の発言は、現代美術を収蔵する新しいスペースの必要性に関する新たな議論を導いてきた。ホワイトキューブに収まらない現代アートの実体展示は、発電所に限らず、テンペルホーフ空港の旧航空ゲートの再利用などにつながった。ヘゲマンの提案は、一九三〇年代に生まれたレンガとスチールの動力、送電、暖房、電気の基地を軸にしている。近年では、ミッテの中央駅付近に設置されたハンブルガー美術館のように、かつて建設された堅牢なモダニズムの鉄道駅もミュージアムとなってきた。

産業遺産の持続可能性

ベルリンに拠点を置く自治体電力会社Bewag（現在のVattenfall）は、一九九〇年代半ば、数千平方メートルの保有空間の新しい用途を模索していた。一九九八年以来、同社は有用ではなくなった一〇万平方メートル以上のスペースを売却した。ドイツのソフトウェア企業ＳＡＰやコンサルティング会社MetaDesignのようなクライアントは、ベルリンの西部と東部の旧発電所と変圧器局にオフィスを移動した。現在のVattenfallは三〇，〇〇〇平方メートル以上のスペースを保有し、ベルリンのクラブカルチャーの献身者であるベルクハインをはじめとするクラブや、スイス近郊のヴァイルアムラインにあるヴィトラ・デザイン・ミュージアム（Vitra Design Museum）も彼らのクライアントだ。

産業遺産を再利用するテナントのほとんどは、月額家賃と引き換えに暖房や換気などのコストを負担することに同意している。一九九八年から二〇〇五年まで、Vattenfallは旧発電所を賃貸し、売却することで、二億ユーロ（約二六五億円）以上の利益を上げた。これは、産業遺産の守り手と借り手の双方にとって理にかなっていることだった。産業遺産を守りたいと考えれば、まず建物を壊さないこと、いかに持続可能性に貢献できるかが鍵となる。

一九九〇年代以来、ベルリンはかつての空襲避難所、貯水施設、地下鉄駅、巨大倉庫、または発電所を再構築してきた。かつてアンダーグラウンドにいた多くの主催者が、今やクラブと上流文化の混合物を提供している。そのシーンの成長は、レストラン「クッキー」の運営者であるハインツ・ギンドゥリスによって開始された。彼は、クラブ文化を、一流レストランへ変貌させた。ベルクハインもまた、ナイトライフとウルフガング・ティルマンスの写真を組み合わせ、アートや上流文化との関わりにも余念がない。そもそもアンダーグラウンドと上流文化との境界とは何か？　その曖昧な境界こそが、上流と地下の経済を延命させてきた。

ヘゲマンが創った新しいアートスペースに僕が最初に足を踏み入れたのは、二〇一〇年一〇月下旬、「本当の街、現実としての願い（Realstadt. Wünsche als Wirklichkeit）」と命名されたクラフトヴェルク最初の展覧会だった。ベルリンの古い友人で世界を舞台に活躍するメディアアーティストのユニット、ニーナ・フィッシャーとマロアン・エルサニの二人が、オープンしたばかりのクラフトヴェルクの全容を案内してくれた。正直、展覧会そのものも興味深いテーマだったが、何よりこの空間に圧倒された。むき出しの汚れたコンクリート、巨大な発電タービンが持ち去られた跡の言い知れぬ空虚感とともに、そこはまさに巨大遺跡の内部だった。発電所跡としては、外観はスチールで覆われ、ベルクハインのようなむき出しのコンクリート建造物の雰囲気はない。ただ、内部に入れば、ベルクハインのゆうに二倍の広さで、そこはどこにもない巨大な廃墟だ。

展覧会では、主に建築事務所や地方自治体が計画した、ドイツ全土から集められた二五〇の建築ミニチュアモデルと六五のプロジェクトが展示された。提示されたオブジェクトの一部はすでに実現されたか、儚い夢に終わり、決して現実には実現しなかった計画だった。

展示の見学者が、多彩なミニチュアを眺めながら、未完成な「街」を実感すると、それは典型的なベルリンの出発と変化の雰囲気と重なっていく。二，三〇〇万平方メートルの空間と三〇メートルの高さを持つ巨大なタービンホールが、多数の未完成な都市計画を包み込む。この建物にいると、広大なフロア、階段、吹き抜けの天井を骨格として、足元では、火力と発電が一体化した元の心臓タービンの回転音がまだかすかに聞こえるような錯覚を覚える。建物の上の四つの階は鉄の階段と金属格子で接続され、上に登れば、常に新しい空間的な視点を提供している。多くの来訪者の視線を吸収しながら、この神聖な建物は自らの出自を明らかにする。見えない発電タービンとその鈍い音が、この空間を創った源であるということを無言のままに示している。

クラフトヴェルクの「秘密」

これまでクラフトヴェルクで開催された数々の展示会、ファッションショー、そして毎年八月に開催されるベルリンで最も重要なフェスティバルとなったインダストリアル&テクノの実験音楽フェスティバル、「ベルリン・アトナル」などは、どれも強烈な刺激を与えてくれるイベントだ。しかし、これらのイベントこそ、クラフトヴェルク自体の強力な磁力が呼び寄せたものでもある。それらは、世界に類を見ない、ベルリンでしか実現できないこの空間の秘密を知るためのイベントなのだ。

クラフトヴェルクを僕は年に何度か訪れる。その度に、ベルリンを全身で感じることができるこの空間に浸る。この空間が、骨格だけでも守り続けているものは何か？　なぜこの空間に魅せられるのか？　僕にはこのコンクリートの巨大遺跡が、東西ベルリンの壁とは異質ながら、何かから僕らを遮断するアウラを放っているように感じる。それが都市化によって失われたベルリンなのか、抗しがたい時代の進歩から何かを守るための善きアウラなのか？　いつもこの空間によぎる感覚は、とても複雑だ。

一九世紀後半、電気と電球が日々の生活インフラとして浸透すると、それまでの産業社会は激変し、人間社会にも大きな変化をもたらした。世界では、夜の街の暗闇に光が灯り、街は夜でも移動できる空間となった。個人の机の上に、そして書物を照らす電灯によって、「個人主義」や「プライバシー」が「秘密」と共に急速に人々の内部でうごめくことになる。

闇や地下に埋められていた秘密は、やがて金庫（トレゾア）や個人の内部に格納され、今ではインターネットというサイバー空間にも移行した。時代の役割を終えたクラフトヴェルクの内部に、ベルリンのクラブ、トレゾアが内蔵され、クラブは人々の秘密を保持し、秘密の価値を交換する場所ともなった。人が大切にするプライバシーや秘密が、今、死を向かえようとするなら、それはかつて東ベルリンで全市民が監視の対象となった秘密警察の時代の再来なのか？

そもそも、個人のプライバシーや秘密はなぜ守られるべきなのか？　本書で触れてきたベルリンという都市の未来と秘密が、ようやく立ち現れる。

7章

ベルリンからみる「都市」の未来

1 デジタル経済におけるオーナーシップの変更

所有権はなくなる？

かつて壁崩壊直後のベルリンでは、荒廃した建物の多くが共有財であったし、それは所有とは無縁のコモンズでさえあった。その時代のコモンズとは異なり、現代のデジタル経済は、人々がこれまで抱いてきた所有権や資産という概念を大きく変更させている。二〇一六年一〇月、アーロン・パーザナウスキーとジェイソン・シュルツによる『オーナーシップの終焉：デジタル経済における個人のプロパティ』と題された刺激的な本がMITから出版された。この本が提起している問題は、今後一〇年で進捗するIoT（モノのインターネット）社会の光と影を浮き彫りにするものだった。

「もしあなたが書店で本を買った場合、あなたはそれを所有します。あなたはそれを家に持ち帰り、本の余白に手書きしたり、本棚に置いたり、友人に貸したり、ガレージセールで売ることもできます。しかし、購入した電子ブックやその他のデジタル商品についても同じことがあてはまるでしょうか？」

現在問題となっているのは、販売企業や著作権者が、あなたが購入したモノはあなたの所有物ではない、と主張していることだ。

近年のデジタル経済を大まかに整理すれば、「購入」から「ライセンス」、そして「サブスクリプション」へと、オーナーシップ（所有権）が大きく変化していることだ。音楽、映画、書籍といった物理的な対象が、デジタルファイルのダウンロードやストリーミングへと変換されてきた展開は、二一世紀初頭に起きた目に見える大きな変化のひとつだった。

IoTの秘密

IoT（モノのインターネット）という言葉が行き交う時代となった。これは、物理的な製品を家に持ち帰った後でも、企業が消費者の購入した製品をコントロールできるようになる巨大なシフトの幕開けにすぎない技術基盤なのだ。自動車、スマホ、コーヒーメーカーなどなど、消費者に販売した後の製品でも、企業がそれらを「制御」できるのは、「モノのインターネット（IoT）」と総称されるエコシステムの端緒であり、これらの変更は物理的なオブジェクトのデジタル化よりも観察自体が困難となる。

「購入ボタン」をクリックした大抵の消費者は、製品を購入するとそれを自分のモノとして自由に所有できると想定する。しかし、この仮定は物理的なモノの消費から、デジタル経済に移行することで大きく変更されてきた。Spotifyなどの音楽ストリーミングサービスでは、使用可能な楽曲が常に更新されるため、多数のプレイリストを含む独自のSpotifyライブラリを持っていても、次に聴くときには多くの曲が消えている可能性がある。

ベルリンは世界最大級の音楽都市である。大小二〇〇以上の音楽系スタートアップがしのぎを削り、音楽の未来を創造する。そんな音楽エコシステムに大きな変化が起きているのだ。

消費者が購入した製品に対する企業の制御の代表例は、Kindleの電子書籍ジョージ・オーウェル『1984』のリモート削除だった。出版元の権利が切れたことで、購入していた電子書籍が突然削除されたのだ。これは、「買う」という概念全体が変化していることを示している。実際には、売り手が商品管理を販売後も維持しているため、ライセンシングやリースに似ている。

これは、デジタル無形財の所有権変更の事例だが、ほとんどの消費者は、所有権はかつての物理的な商品の購入と同じだと仮定している。これまでクルマやコーヒーメーカーを買った消費者は、その製品を制御する権利も購入したと思い、彼らは自由にそれらに改良を加え、使用の仕方を自由に変更することも可能だった。しかし、デジタル経済では、この想定は困難となる。消費者が専用カプセルの「間違った」ブランドを使用したときに停止するコーヒーマシンは、ひとつの例にすぎない。人々は、製品を購入する際に自由な選択肢があると認識するが、実際にはそうではないこと、そして自分ではコーヒー豆を選ぶ余地がないことに驚く以外にない。

商品の制御と支配

もう一つの例は、テスラと自己駆動能力を備えた自動車の生産だ。これらの機能を備えた車のモデルを将来購入する人は、Uberや類似のライド・シェアリング・サービスにテスラは使用できない。テスラのウェブページには、次のように書かれている。「完全自動運転のテスラ車を使ったご家族やご友人間でのカーシェアリングやライドシェアは自由にご利用いただけますが、利益を得ることを目的とする場合はテスラ・ネットワークを介さなければご利用いただけません。この詳細については今後発表予定です」

モバイル業界では、バッテリーの発火問題があったサムスンの「ギャラクシーノート7」をまだ返品していない顧客が、デバイスの「リモート破壊」に直面している。このような製品の「殺害」は、デバイスの過熱の危険性のために正当化される可能性があるが、モバイル企業は人々のモバイルデバイスの死までを制御することができる。

消費者に販売した後でさえ、企業が商品を制御・支配し続けると、オーナーシップの概念全体があいまいになり、お金によって得られるものの透明性はますます低下する。購入した商品についての消費者の不確実性は、デジタル経済を主に売り手の市場とした。デジタル製品購入に続く契約条件とライセンス契約はますます複雑化しており、平均的な消費者が購入したデジタル製品やサービスの利用規約を全て読むとになると、一人あたり年間二，〇〇〇時間かかると計算されている。iPhoneのライセンス契約を良く読むと、内部を開けて基盤や電池を改造したりすることをアップルは禁止している。最もハッカーかメーカー運動の猛者でもない限り、iPhone の内部を改造する人はいないだろう。

価格の個人差別化

もう一つの重要な問題は、消費者一人ひとりに向けた潜在的な価格差別化が加速する可能性だ。売り手は、顧客の購入習慣から感情状態まで、消費者に関する全てのリアルタイム情報にアクセスすることができるため、顧客が特定の商品やサービスに対して、今この瞬間、どれくらい支払う意思があるかさえ特定可能になるかもしれない。これにより、規定価格が崩壊し、人それぞれによって販売される価格に格差が生まれる。将来の「保険」加入も、一人ひとりの生活習慣や病歴などにより、このリスクを背負うことになる。

所有権と財産権は、現代の資本主義経済の前提条件であり、資本・労働・賃金が市場交換のための基盤を確立してきた。デジタル経済では、消費者の財産権に付帯する権力はますます低下している。同時に、企業にとっては、商品やサービスの生産価値をより多く管理することができるようになっている。この展開がこのまま持続すれば、いずれ許容されない問題を生じさせるかもしれない。現在の課題は、消費者を保護し、進化するデジタル経済に追いついていない関連法の枠組みや規制を改革するソリューションを見つけることだ。

　事実、法律と技術の組み合わせは、厳格な知的財産の規制と技術的なロックによって、企業が消費者の購入した製品を持続的に支配し、消費者の自由意志を制御する傾向がある。もちろん、僕らは消費する全ての製品を所有する必要はないが、シェアやサブスクリプションが理にかなっている場合、消費者の「購入」は一時的であることを顧客に伝える必要がある。「購入」という言葉は、「ライセンス」や「シェア」、「サブスクリプション」など、新しい現実に適応するより正確な語句に置き換える必要が生じている。最も重要なことは、顧客がほとんど読むことのない膨大な契約文書の中に隠れされる内実ではなく、デジタル経済におけるオーナーシップの変更を簡潔に説明することなのだ。

　こうしたデジタル経済の直近の課題も、実はスタートアップにとってはビジネスアイデアを生み出す豊かな土壌となっているのである。

2 EUの「デジタル壁」とGDPR

「プライバシーの死」とGDPR

今、EU全域に新たな「壁」が設置されている。それはベルリンが発火点である。トランプ大統領がメキシコ国境沿いに建設しようとしている移民流入を阻止する「壁」とは違う。シリコンバレーを中心としたIT巨人から、欧州市民のプライバシーや個人情報を守るサイバー空間の「デジタル壁」である。

二〇一八年五月二五日から施行されたGDPR（一般データ保護規則）と呼ぶEU全体で発効した法律は、中世末期のベルリン市民を外敵から保護した都市壁や対外交易の促進を促した税関の壁、そして東西ベルリンを分断した「イデオロギーの壁」とも異なる、ベルリン史上第四の壁なのだ。

二〇一八年五月二五日にEU全域で、そして世界に向けてGDPR（一般データ保護規則）が施行された。にわかに世界はこの規則の本質に目覚め、対岸の火事から身近に迫る悪夢と感じるものや、千載一週のチャンスと見るスタートアップも現れてきた。プライバシーとビッグデータとのトレードオフは、デジタル経済をどこに向かわせるのか？　まずはGDPRをめぐる基本命題を整理する。

GDPRの背景

二〇一〇年一月、マーク・ザッカーバーグは「プライバシーはもはや社会規範ではない」と述べ、その後大きな議論となる「プライバシーの死」を高らかに宣言した。プライバシーを公開し、あらゆるデータをシェアする世界こそ、真に人々の生活を豊かにし、透明な社会を実現するのか？　この疑問を抱えたまま、フェイスブックは現在、二〇億人を超えるユーザーに支持されている。

もちろんグーグルも、「プライバシーの死」をいち早くめざしてきた同盟である。二一世紀に入り、シリコンバレーのGoogle & Companies（Googleとその仲間たち）は、個人データを活用した広告錬金術で巨万の富を築いてきた。その間、AIやロボティクス、IoT、自動運転車に至るまで、ビッグデータの収集と解析を基盤とする新たなデジタル経済の全容も明らかになってきた。

「ビッグデータ」の解析によって生み出されるAIや新技術が世界を一変させようとしているなか、消費者のプライバシー問題はますます複雑化している。企業は消費者のWebサイトやモバイルアプリの足跡をデータ化し、彼らが毎日どこに行き、いつ旅行したかを追跡する。個人データを他のデータと組み合わせ、正確な人物像を作り上げると、購入商品の予測やターゲティング広告の獲物捕獲率は精度を増す。さらに、消費者が個人情報として認識していないデータからも、消費者個人を特定できるのだ。

ビッグデータの世界への貢献に比べれば、収集される「プライバシー」などは取るに足らないものなのか？　それとも「プライバシー」こそ、ビッグデータの金鉱なのか？　世界中のデジタル市民は「ただより怖いものはない」と知りつつ（あるいは知らない間に）も、実名を含む膨大な個人データをGoogle検索、Google Map、Facebookやモバイルアプリの中に投げ入れてきた。五億人の市民を抱えるEU（欧州連合）は、米IT巨人のデータ錬金術が、EU市民の基本的人権を脅かす狡猾な搾取であると主張し、すでにグーグル、フェイスブック、アップルなどを相手取り、莫大な制裁金訴訟を展開している。

数年に及ぶ議論と調整を経て、EU議会は加盟二八カ国の承認を得た一般データ保護規則（General Data Protection Regulation: GDPR）を二〇一六年五月二四日に発効した。巨額な制裁金と行政罰を伴う適用は、二〇一八年五月二五日に開始される。これが実質的な「施行日」となる。GDPRは、対象とする「個人データ」を広範に定義しているため、米IT巨人はもとより、EUおよびEEA（欧州経済領域）全体の国内プライバシー法を包含し、ヨーロッパ市民に関する個人情報を扱う全ての企業（他の大陸の企業を含む）に適用される。

GDPRにおける個人データとは、名前、写真、メールアドレス、銀行の詳細、ソーシャルネットワーキング・ウェブサイトの更新情報、場所の詳細、医療情報、コンピュータのIPアドレス、生体遺伝子情報、思想信条、入れ墨に至るまで、個人に関する広範囲な情報である。EUは、市民の個人情報の管理を厳格化し、個人データがヨーロッパ全域で安全であることを保障しなければならないのだ。

GDPRの影響は世界におよぶ

GDPRが本格施行された二〇一八年五月。世界がインターネットでつながっている現在、GDPRの影響は全世界に及ぶ。当然、EU加盟二八カ国から遠く離れた日本でも、EUの個人データと関わる企業は山とある。かつてEUカルテル法により巨額の制裁金を支払った日本企業が思い起こされる。日本はEUからデータ保護に関する「十分性認定」を受けておらず、データ保護に関しては、米国同様、世界の無法地帯とみなされている。日本の改正個人情報保護法も、GDPRから見れば一〇年遅れの法律である。GDPR違反の制裁金は巨額である。一つの会社で二六億円規模の罰金、あるいは連結決算の四%を課せられるケースも想定される。

グローバルな観光事業やEU市民を呼び込む宿泊サイト、オンライン・ショッピングやオンライン・ゲームにはEUの顧客やユーザーも多くいる。たとえ顧客の個人情報を直接処理することのないサービス主体でも、個人情報の処理を外部委託する「プロセッサー（処理者）」がいれば、「コントローラー（管理者）」としての責任を負う。このふたつのエンティティは、GDPR遵守の責任を回避することはできない。

現状、GDPR違反の罰則対象として浮上しているのは、フェイスブックやグーグルといった個人データによって莫大な利益を上げてきたIT巨人だけではない。彼らはすでにEU各国から巨額の制裁金訴訟を抱えており、その都度GDPRに対処するための投資をEU域内で実行し、GDPRへの対応を加速させている。アップルのiPhoneX搭載のFace IDに関しても、早速「プライバシーの死」につながる技術として批判が起きている。強固な個人認証セキュリティは、一方では市民監視の世界規模のネットワーク技術に他ならないという指摘も見逃せない。

しかし、基本的な疑問に戻ろう。なぜEUはこれほど厳格な法律を作り、実際に施行しようとしているのか？

シリコンバレーとEUとの戦争？

EU議会に所属するベルギー社会党のマーク・タラベラ議員は、GDPR違反の疑いがあるとして「Pokémon GO」の調査を正式に議会に要請した。グーグルのスピンアウトであるナイアンティックによって開発されたこのゲームアプリは、ユーザーのリアルタイムな位置情報を収集するだけではなく、ポケモンを捕獲できる特定の場所を任意に選定し、そこを訪れる人々を積極的に誘導できる。そのため、第三者との位置情報の共有（販売）とプライバシー侵害に関する懸念が指摘されてきた。

このアプリは、ゲーマーのデバイスにクッキーとトラッカーを保存し、ユーザーの明確な同意なしにそれらのデータが抽出されて解析可能なら、ＥＵのｅ－プライバシー指令にも違反する可能性がある。これらの懸念は、特に米国とドイツで調査が開始されており、ＧＤＰＲ違反のリスクは高まっている。「Pokémon GO」のコントローラー（管理者）とプロセッサー（処理者）は実のところ誰なのか？莫大な利益の背後で、何が犠牲となり何が奪われたのか？　何かが奪われたとすれば、それは犯罪的な搾取なのか？　プライバシーや個人データをめぐる経済倫理は、複雑化する相反関係の中で出口を見つけようともがいている。

ＧＤＰＲの基本骨格

ＥＵ内の一〇人のうち九人は、モバイルアプリが同意なしに個人データを収集することに懸念を表明しており、一〇人のうち七人は、収集された情報を企業が利用する可能性について疑念を抱いている。米国や日本での個人情報やプライバシー保護の感覚とＥＵとではどれだけのギャップがあるかは、本連載の重要な観点でもあるが、GDPRの重要な規制には以下の四つがある。

1.「忘れられる権利」：個人がデータの処理を望まず、かつ個人データを企業が保持する正当な理由がない場合、検索エンジンなどの個人データは削除要求に答えなければならない。これは、個人のプライバシーを保護することであり、過去の出来事の消去や、報道の自由を制限することではない。

2.データへのアクセスの容易性：個人は、データの処理方法に関する情報をより多く有し、その情報は明確でわかりやすい方法で利用できるようになる。データの移植性の権利は、個人がサービスプロバイダ間で個人データを送信することを容易にする。

3.データがいつハッキングされたかを知る権利：企業や組織は、個人を危険にさらすデータ侵害を監督当局に速やかに通知し、ユーザーが適切な措置を講じることができるようにする。

4.デザインによるデータ保護のデフォルト：「デザインによるデータ保護」と「デフォルトによるデータ保護」とは、サービスの設計段階からプライバシーを保護する設計にすること（by design）や、初期設定の時点でプライバシー保護をデフォルト化すること（by default）を意味する。具体的には、個人データと接触するサービスを構想し実装する双方の段階において、適切な措置を実施しなければならない。初期設定では、特定の目的のために必要な個人データのみを取扱い、必要な範囲を超えて収集・保有しないことが管理者に義務付けられており、現在、ＥＵのデータ保護規則に不可欠な規定となっている。

これにより、データ保護の理念と手段が、製品とサービスのデザイン開発の初期段階に組み込まれ、プライバシーに配慮したソーシャルネットワークやモバイルアプリがデフォルト設定の標準になる。これにより、近い将来、ＥＵ版Facebookなど、ＧＤＰＲ準拠のＳＮＳの登場が予想されている。

技術的全体主義への対抗

ＧＤＰＲは、ＥＵ市民の個人情報をＥＵ域外に転送することを原則禁止する。重要なのはデータ・ポータビリティの権利で、個人が事業者等に提供した個人情報は本人が使いやすい電子的形式によって取り戻すことができ、他の事業者、プラットフォームに移して乗り換えることを事業者の妨害なしで可能にする権利だ。

これによってシリコンバレーに集積されている天文学的な個人情報が、将来、個人主導によって大移動することが予想される。それは個人データの管理がプラットフォームから個人に移行することを意味している。これがパーソナルデータ・エクスチェンジ（PDE）という動向であり、個人が個人データを所有し、プライバシーを管理し、オプションで個人データの一部または全部を収益化することを可能にするテクノロジー・プラットフォームである。データ全体主義からデータ個体主義への転換が始まろうとしている。

元欧州議会議長で二〇一七年九月二四日のドイツ首相選挙でアンゲラ・メルケルに敗れたマルティン・シュルツは、二〇一六年一月二八日、ブリュッセルで開かれたCPDP（Computers, Privacy & Data Protection）総会で、『技術的全体主義、政治と民主主義』と題した基調講演を行い、次のように述べている。

「もし個人情報が二一世紀のもっとも重要なコモディティであるなら、個々人のデータに対する所有権の権利が強化されるべきです。特にこれまで何も支払わないでこの商品を手に入れている狡猾な人たちに反対することです。フェイスブックをはじめグーグルやアリババやアマゾンといった、これらの企業が新しい世界秩序を具現化していくなど、それは許されるべきではありません。彼らはそのような権限を持っていません。民主的に選出された民主的代表のルールが合意され、法律を遵守することは適切な任務であり続けなければならないのです。規制当局が取った決定に同意しない者は、市民社会の努力と政治的手段によってそれらを覆すことを求めることができます。このプロセスを民主主義と呼んでいるのです」

「秘密は嘘でプライバシーは窃盗」なのか？

ＥＵが個人データ保護の基準を強化することを、オープンアクセス時代に逆行する過剰規制の「悪法」のように捉える向きもある。グーグルの副社長兼インターネット担当エバンジェリストであるヴィント・サーフは、プライバシーを歴史的には「極めて異常なもの」と述べ、プライバシーは近代以前には存在しておらず、それは都市革命の副産物であり、事故であったと指摘した。

最近、エマ・ワトソンとトム・ハンクス主演の映画『サークル』（二〇一七）を観た。この映画で描かれたプライバシー・ディストピアは、「秘密は嘘、シェアは思いやり、プライバシーは窃盗」（ジョージ・オーウェルの小説『１９８４』に登場する独裁制集産主義のモットーである「戦争は平和である。自由は服従である。無知は力である」とつながる）というメタファーがテーマである。つまり、個人データやプライバシー保護というＥＵの人権憲章の前提を揺るがす、他方の「文化的、技術的勢力」を暗示的に描いている。個人のプライバシーやデータを積極的に公開、共有し、透明性を極限まで推し進めていこうとする規制の反対派や反プライバシー文化の台頭である。

米連邦議会上院は、二〇一七年の三月下旬、ＩＳＰ（インターネット・サービス事業者）による個人データの取り扱いを規制するプライバシー保護規則の撤廃を決議し、トランプ大統領がこれに署名した。オバマ政権下の米国連邦通信委員会（ＦＣＣ）が昨年導入したこのプライバシー保護規則は、ＩＳＰが個人データを利用したり共有したりする前に、ユーザーから明示的同意（オプトイン）を得ることを義務付けていた。ISPの閲覧履歴を許可なく広告業界に売ることを禁止していた規則が難なく撤廃された。いずれにしても、グーグルやフェイスブックなどのシリコンバレー企業は、好きなようにユーザーのデータを使っているので、ISPからすれば今回の決議は「公平」な判断だということになる。このような状況下、EUと米国との間にある文化的断絶は甚大で、その溝の大きさはそのまま政治や経済の分断にもつながりかねない。

顧客生涯価値（Customer Lifetime Value）は、今や顧客の個人データが企業にとってどれほど価値があるかを示すための用語となった。言い換えれば、人々の生活や行動データが商業価値に転化されることは社会的価値につながる。現代の「ハイパー資本主義」は、人間そのものを商業的関係のネットワークに還元する。商業的有用性を免れた私たちの個人生活はどこにあるのか？　それが現代のプライバシーをめぐる課題である。

個人データのデジタル化は、人間生活の商業的利用を容易にし、拡張し、加速する。それは、私たちがデータ商品となり、現代の経済活動に不可欠な資源であることを示している。今日、これを新たな「搾取」と呼ぶなら、それに抵抗するための新しい生活様式を開発する必要がある。

個人データは二一世紀の天然資源なのか？

いずれにせよ、個人データはデジタル経済の促進に不可欠な通貨となった。データは二一世紀の石油であり天然資源であるという前提に立つかは別として、GDPRの登場は、EUのみならず、シリコンバレーのスタートアップにとっても、極めて大きなインパクトを持つ「データ開拓法」の意味を持つ。データが石油であるなら、資源が埋まる地下に掘削機を投入し、採掘から精製を行い、多彩な加工を施し製品として流通できるかが鍵となる。すでにビッグデータ製品は、ほぼ石油精製と製品化の過程を通過し、実際に市場に流通している。EUにとっても、GDPRはビッグデータや個人情報解析、IoTやAI、自動運転車などの次世代産業基盤への足かせや重荷ではないはずだ。

世界の人々がますますプライバシー保護について考え、個人データによって生み出される錬金術を懸念する。だからこそ、プライバシーフレンドリーなサービスを提供する企業こそ、消費者にとって魅力的で、より高い競争力を有する。EUには世界で最も厳格なデータ保護規則がある。それが信頼の地を生成するかどうかを、今後世界は注視していくことになる。

3 クリエイティブ・シティは誰によって推進されるのか？

「欧州文化首都」とクリエイティブ・シティ

近年、観光収入の増大や地域再生を目指し、都市が主催する文化事業が世界各地で開催されている。一九九〇年代から世界の注目を集め、現在の文化都市ブームの起点となったのが「欧州文化首都」と呼ばれるEUの事業である。三〇年以上続くこのEU事業の今を見つめ、今や死語になりつつあるクリエイティブ・シティ政策の現代的な役割を考えてみよう。

一九九〇年、スコットランドの工業港湾都市グラスゴーで「文化が経済を牽引する」都市再生の成功事例が次々に起こった。グラスゴーは、コンベンション関連施設の整備と新たな観光資源の開発に成功し、衰退した工業都市から「新たな文化都市」へとイメージの刷新に成功し、世界の注目を集めていた。これをきっかけに、当時は「欧州文化都市」と呼ばれていたEU事業に世界の注目が集まることになる。

欧州文化首都（European Capital of Culture。以下、ＥＣＣ）は、ＥＵ加盟国から毎年二都市（二〇〇六年までは一都市）が文化の首都として選ばれ、選定された都市は独自のテーマを掲げ、市民の参加を前提とする数々の芸術文化イベントを一年間にわたり開催する。

一九八三年一一月二三日、ギリシャの文化大臣メリナ・メルクーリ（当時）は、アテネのザッペイオンに欧州共同体の文化大臣を集め、「欧州文化都市」の必要性を提唱し、一九八五年、アテネが初回の開催都市となった。以来、各加盟国の文化担当大臣会議の協力による多国間事業として実施され、一九九九年には欧州文化都市に共通政策としての地位が与えられた。同制度は二〇〇五年に「欧州文化首都」と改称された。開催テーマの設定は主催都市が練りに練ったもので、それに呼応して、いわば都市が文化のテーマパークとなる。

ベルリンは、アテネに次いで四都市目の開催都市となり、一九八八年、壁の崩壊二年前の西ベルリンが文化都市に指名された。近年のＥＣＣは、都市のイメージ刷新、国際社会への情報発信など、開催都市とその市民の共創から生まれたさまざまな成功事例が世界から注目されている。このＥＣＣの成功に続こうとする取り組みには、アメリカ大陸文化首都、カタロニア文化首都、イスラム文化首都、ＵＫ文化都市などがあり、近年はＡＳＥＡＮ文化都市、二〇一四年からは日中韓三カ国による東アジア文化都市も開催されている。さらに世界中でアート・フェスティバルが数多く開催されているほか、日本各地でも地域の芸術祭が開催ラッシュとなっている。

文化首都を五感で楽しむ

欧州に住んでいると、毎年EU加盟国のどこかの都市が文化首都に指名されている認識があるので、一般の欧州市民が指名都市を気軽に訪れる動機が生まれる。ヨーロッパの国家間では、国境検査なしで入国を許可するシェンゲン協定があり、EU域内での移動はどこに行くのもストレスがない。シェンゲン協定によって国境検査がない区域は二五のヨーロッパの国々と四億人に広がっており、面積は四，三一二，〇〇九平方キロメートルに及ぶ。こうした移動交通の利便性もECCの継続性を支える要因である。

近年のECCは、高級アートや音楽、美食の体験を求める熟年層から、未知のEU各都市を訪れ、その土地のデザイン、クラフト、生活文化を実感しようとする若者たちを引き寄せている。ECCの開催都市は、来訪者に都市を五感全てで感じてもらう多彩な「もてなしイベント」を用意し、長期的な観点で地域の文化資本（主にコミュニティの文化力）を成熟させる取り組みに重点を置いている。その意味で、何より都市が掲げるテーマが重要となる。

文化首都に選ばれるためには、開催都市のみならず、欧州全体の文化の特徴を備えた文化プログラムを計画し、そのイベントにはその都市の市民の参加が不可欠である。選ばれるイベントのテーマはもちろん、参加する芸術家や運営者も欧州各国から集合することが義務づけられている。また、プログラム自身も開催都市の長期的な文化、経済、社会発展に持続可能な効果がある必要がある。

最近のECCを実際に観てきた。二〇一六年のECCに指名されたのは、ポーランドのブロツワフとスペインのサンセバスチャンだった。ポーランド最古の都市ブロツワフの開催テーマは「美の場所」で、美食で有名なサンセバスチャンは「共に暮らす文化」という、多様な文化が共存する環境自体を一つの文化として捉えようとする試みだった。

サンセバスチャンは世界的に美食の街として知られ、スペインを代表する観光都市の一つだ。それに対して、ブロツワフはそれほど有名な都市ではない。しかし、ECCとなったその年、その存在感を世界に示し、大きな成功を収めたと感じた。ブロツワフへは、ベルリン中央駅からバスが出ていて、三時間半で行けるポーランドで注目のクリエイティブ・シティである。すでに二〇三三年までの開催国が決まっているこのEU事業の何が魅力なのか？

欧州文化首都の目的

ECCは、「多様性の中の統合」というEUの理念を反映し、言語や精神性も異なる欧州諸国の真の統合には、互いの文化理解が不可欠であるというギリシャの提言から、一九八五年に発足した制度だ。異なる国々の長期的な文化理解を通じて、EU市民の連帯意識の向上や政治参加を促すことが期待されている。

世界中の都市がECCの「成功」を参考にしてきた。UNESCOのクリエイティブ・シティ・ネットワーク（CCN）もECCから影響を受けた施策だ。このCCNは、主にクリエイティブ産業の振興を強調し、世界の都市が担う「クリエイティブ・ハブ」を通じて、先進国と発展途上国双方のクリエイティブ産業の社会経済的及び文化的発展を促進させ、「社会の文化クラスターが健全に機能する都市環境を作り、多様な地域社会をつなぐ」ことを互いのミッションとしている。こうした世界中の都市政策に影響を与えるECCの目的は何か？ 芸術文化に軸足を置く祝祭の開催に世界の都市が躍起となっているのはなぜなのか？

これまで文化的観光を目的とする観光客の誘致は、文化祝祭事業の費用便益性を示す一番わかりやすい目的であるため、多くの都市が観光経済の振興を目的に掲げてきた。新規の文化施設に投資し、文化イベントの市場を拡大させ、文化的環境の総合的発展をめざすというものだ。その他、地域の知名度やイメージの向上（都市ブランディング）による地域の産業創出、都市再生を目的に、文化芸術のインフラ整備によって、クリエイティブ産業や人材の誘致につなげるという目的もあった。

文化首都を失敗させない、ボトムアップの市民参加

かつてECC事業には多くの課題があった。首都の開催年が過ぎると街が抜け殻のようになってし

まい、せっかくの文化投資を後の都市経営に活かすことができないなど、全ての文化首都が「成功」しているわけではない。

一過性の観光収益は、現状におけるECC開催の主眼ではなく、多様な開催都市が掲げる独自のテーマを実践し、上から目線からではない、ボトムアップの市民参加を促す都市経営の手腕こそが、内外の支持と長期的な都市の発展を保証する重要なカギとなっているようだ。

短期的な政策効果や特に経済効果を求める成果至上主義の流れは、社会を再構築する手段となる文化と創造性をかえって弱体化させるとの懸念もある。文化政策が過度に経済的な成果を求めた場合、持続可能な政策ではなく、経済目的を果たした後には、滝の水の落下するように、一度決まった政策は後戻りできないという比喩である「ウォーターフォール」のような政策になってしまう危険性が指摘されている。

EUには、国境を越えるECC事業や文化セクターのためのいくつもの基金があるが、ECCの運営予算はやはり国と都市の財政負担が中心だ。税収を柱とした都市財政にとって、文化への投資は長期的な観点が必要となる。

ドイツでは一九九〇年の東西統一以後、ドイツ連邦基本法において「芸術の自由」を保障しており、国に力が集中しないように「州の文化高権」と「文化分権主義」が推進され、文化に関する立法権限や文化振興は州が担っている。文化も政治経済も、ドイツは地方分権が発達している国である。

戦後の旧西ドイツでは、現代美術の復興を目指す文化政策が進められていたが、芸術文化の権威主義に対抗して、二〇世紀の代表的美術家ヨーゼフ・ボイスが主張した「誰もがアーティストであり、またそうでなければならない」というメッセージに呼応するように、日常生活の創造性に目を向ける社会文化活動が一九七〇年代から重視されるようになったことは、後の欧州文化首都に大きな影響を与えてきた。

二一世紀、誰もが創造的な活動をさまざまな場所で展開し、ソーシャルメディアを通して発信できる時代となった。消費者は消費するだけでなく、生産者としても活躍する。これは一九八〇年代から「プロシューマー（生産消費者）」と呼ばれ、今では一般市民が進んでプロシューマーとして活躍する時代である。この流れは、ベルリンのスタートアップ文化を急成長させ、いまや創造性の主体は、一部の権威あるアーティストや文化芸術セクターを超えて、多彩な市民によって担われている。

創造的階層と言われるエリート主義への反発

近年欧州では、クリエイティブ・シティ政策を疑問視する声も少なくない。その中心には「創造性の寡占」という問題が根強く、クリエイティブ・シティは誰が担うのか？　という問題提起が成されている。ベルリンは早くからＥＣＣやユネスコのクリエイティブ・シティ・ネットワークに指名されてきたが、この二つの施策に対しては、さまざまな提言を行ってきた。

そもそも、一九九〇年代後半の英国における「クール・ブリタニア」やクリエイティブ産業振興政策に端を発するクリエイティブ・シティ政策は、ECCを勢いづけ、その成功と相まって、広く世界に受け入れられた都市政策だった。しかし、二一世紀初頭、ソーシャルメディアの台頭によって、創造性の担い手であったアーティストや文化セクターの独占優位が瓦解し、消費者生成メディアや市民コンテントの隆盛、つまりプロシューマーの時代を迎えたことで、市民の誰もが創造性の苗床にいることが明白となったのだ。

二一世紀初頭にアメリカの都市計画家リチャード・フロリダの指摘した「創造的階層（クリエイティブ・クラス）」が都市経済の担い手である」との主張以後、フロリダ批判の核となってきたのが、この「創造的階層」というエリート主義への反発だった。

都市を創造的に変革し、新たな創造経済を生み出す人々は、都市間を自在に移動し、自身が住みたい都市へと世界中を移動する。「こうした新経済のドライバーを惹きつける都市こそがクリエイティブ・シティだ」とするフロリダの言説に、世界の都市は引き寄せられてきた。しかしその後、「都市間をまたいで流動する創造的階層という文化エリートだけが都市を創造的にするのか?」という疑問や反発が生まれてきたのだ。

市民の創造性を解放するミドルウェア

要は、都市の創造性を独占し、世界の都市経済を動かす人々を優遇することより、地元に住む市民の創造性を「解放」する政策こそ、欧州文化首都やクリエイティブ・シティの役割であるという議論が世界の潮流となってきたのだ。

ECCは建設事業でも都市計画でもない。文化首都が目的とするのは、観光収益などの経済効果でもなく、EU市民の共存と共生を目指すコンセプトの実現だ。これを土台で担うのが、トップダウンとボトムアップの間で、ニュートラルな仲介役となるEUや都市の行政担当者である。彼らはEU各地から集合する優れたキュレーターたちで、都市の行政と民間とを上手につなぐ、ミドルウェアの役目を持っている。実は、ベルリンのスタートアップ・エコシステムにおいても、コワーキングスペースのファシリテーションにしても、全てはこのミドルウェアの精度が重要なのだ。

こうしたミドルウェアを担う彼らは、文化エリートというより、プロフェッショナルな人材であり、一般市民とECC事業との共創を支援するコーディネーターだ。その意味からも、近年のECCの開催事業の検証プロセスに注視することは重要であり、文化や創造性の寡占（生産主導）から、創造性の解放（市民の生産消費活動の活性化）への転換が、具体的にどのように実現していくかを丹念に考察していく必要がある。

現代ドイツの文化政策の基本は「総合社会政策」と呼ばれている。これは従来の給付行政的で、かつ父権的な「社会・福祉政策」とは異なり、市民社会の自己組織化を重視する、草の根民主主義社会への意志が反映されているものである。

さらに、文化教育や政治教育を通じて「自律した個人の文化的形成」を支援することが、ＥＣＣの大きなミッションなのだ。各都市の市民が政治的判断能力と行動能力の向上を通じて、欧州共同体や既存の社会を読み解き、より自由な社会の実現を目指すものが、総合社会政策としての文化政策なのだ。

観光経済主導型の文化事業の功罪

一過的な観光経済主導型の文化事業は、ここ欧州では過去のものとなっている。すでに多くの観光客で賑わう都市では、ＥＣＣは観光客を誘致する道具ではないと明言している。ＥＣＣに影響を受けた世界のさまざまな都市の文化事業が参照すべきは、まず費用便益を追い求めた末の失敗例を精査し、各事業がウォーターフォール型になることを防ぐことだ。

世界中の都市型文化事業バブルが弾けたとき、都市や地域社会に何が残るのか？　ＥＣＣに続く世界の都市は、目先の経済成果主義から脱却し、地域コミュニティーの創造性を解放し、都市経営への市民参加を持続的に実現する取り組みが求められている。

ベルリンは今、そのボトムアップに連携するプロシューマーの街でもある。多彩な起業家によって打ち出されるビジネスには、ソーシャル・イノベーションの提案が含まれている。若きひとりの起業家や市民が、欧州や世界の社会変革のキーマンになる時代である。そうしたソーシャル・イノベーションの道具こそ、創造性の苗床である芸術・文化のチカラなのだということを、ベルリン市民や欧州市民は、三〇年続くECC事業の継続の中で実感してきたのだと思う。

おわりに

ベルリンが先進都市であり続ける理由

ベルリンはあと数年で一九九〇年代後半のロンドンになるだろうと予測されている。かつての欧州経済の中心地がBrexitで揺れるなか、はたしてベルリンはロンドンのような世界の経済センターをめざすのだろうか？　ベルリンは異質性と創発、そして自己組織化の街である。だから先のことは予測不可能だ。ただ、想像を超えた先進の都市になる可能性は高い。

創発とは、部分の性質の合計だけにとどまらない性質が、全体として現れることを意味する。部分同士がしっかりと相互作用を持ち、あるいは自律的な要素が多数集まる（異質性と多様性）ことで、その総和とは質的に異なる高度で複雑な秩序やシステムが生じる現象である。だから予測や意図、計画を超えた変化や創造が起こり、要素に還元できないことである。

こうした還元主義に収まらない創発という現象は、実はＡＩの世界でも起こっている。なぜか上手くいく、ただそれがなぜなのか？　過程や判断の因果は問えないということだ。自然と最適な計算や組織化がうまく成立するということである。これはベルリンのこの四半世紀の流れとあてはまるように思う。一時はドイツ政府肝いりの首都構想が走り、それが空回りしても、個の経済活動という自己組織化が起こり、ベルリンは欧州で最も先進の都市となった。中央や外部からの制御なしに秩序状態が自律的に形成されるベルリンも、その因果は問えないのだ。ベルリンは中央集中の管理秩序ではなく、膨大な一般知識を活用する仕組み（集合知＝コミュニティ）をめざしている。それは現政府の一つの指針のように思える。

少数の政治家や官僚によって支配される管理秩序化の失敗を、この街は痛いほど体験してきた。だから、すでに数年も遅れている新国際空港の完成をめぐっても、市民の文句はほとんど聞かれない。工事の遅延を追求するのではなく、逆に今のテーゲル空港を維持すべきという市民の声が高まっている。新国際空港ができれば日本との直行便も飛ぶかもしれないが、それとて三時間ほど飛行時間が短縮する程度の話である。まして今のテーゲルの倍以上の距離にある新国際空港の往復時間を考慮すれば、直行便によって短縮される時間はほとんど相殺されてしまう。

ローカル空港としてテーゲルのアクセスの良さやその人間的な規模を良しとする声はこれからも増えるだろう。首都の空港ということで、フランクフルトやミュンヘンのようなハブ空港にしなければならない理由はない。空港は小さいが便利なことも沢山ある。二〇世紀の価値観を一旦疑えば、ベルリンの価値はより鮮明となる筈だ。

だから、ベルリンの自己組織化を考慮すれば、少なくともニューヨークやサンフランシスコのような高級化の果てに魅力を失う街にはならないだろう。なぜなら、壁崩壊後の四半世紀の街の歩みをベルリナーはよく知っているからだ。

壁の崩壊前夜、ヴィム・ヴェンダースの映画『ベルリン・天使の詩』で描かれたベルリンは、ヴァルター・ベンヤミンが描く「歴史の天使」からの啓示でもあった。ベンヤミンが見つめていたパウル・クレーの版画「新しい天使」には、人間を見つめ救おうにも、時代の進歩という強風に押し流されてしまう天使が描かれていた。クレー、ベンヤミン、そしてヴェンダースが描いた「天使」こそ、我々人間そのものの姿に等しかった。ヴェンダースは『ベルリン・天使の詩』に登場する天使が恋し、人間になると決意させた舞姫マリオンに次のように語らせる。

「〝時〟が癒すですって？
でも〝時〟が病気だったらどうするの？」
「先の運命がわからなくても　決断する時
決断するの
私たち　いまがその時よ」

時はさまざまな喪失を呼び起こす。だから決断の時は自分たちの意思にある。今、ベルリンの壁は観光目的で保存されている場所にしか残っていない。壁で囲まれた二八年間の西ベルリン、その孤島に脱出した数千人の東ベルリン市民。東ベルリン市民全員が東ドイツの秘密警察に監視された事実も、徐々に人々は忘れるかもしれない。しかしヴェンダースは次のようにも書き記している。

「いま、一九八六年の私の映画『ベルリン・天使の詩』を見ると、この街にはもはや当時の面影がまったく残っていないことに驚く。まったくなにも残っていないのだ。映画のなかのほとんど全ての撮影場所は消えてなくなった。空でさえ分断されていたというのに。

この街が当時放っていた感覚は、もはや記憶のなかにしかない。

ベルリンは、二〇世紀のほかのどの街にもない、比類なき運命を背負っている。しかしまた、比類なき記憶という財産をも手に入れた。

そうしたあらゆることが、ベルリンの個性そのものなのだ。」

「ヴィム・ヴェンダースからの手紙」
雑誌『Pen』ベルリン特集号（二〇〇一No・五八）

比類なき記憶、ベルリンの財産は壁の遺跡にあるのではなく人々の記憶そのものだ。ヴェンダースが何も残っていないと述べたベルリンにも、実は映画に撮られた場所は細々と残っている。二〇一五年、僕がベルリンで住んだアパートのすぐ目の前は、天使ダミエルが人間になって初めてコーヒーを飲んだ場所だった。映画に写った交差点は、昔とさほど変わっていない。映画が僕らの記憶を確かなものにしてくれる。まして比類なき記憶はそう簡単には時に消化されない。忘却の誘惑が起きたとしても、この街が背負った運命とそれに伴う記憶は絶えず引き継がれていくだろう。

たとえこの街が世界の経済センターになろうが、市民にとって意味のない都市間競争から潔く撤退し、シュプレー川の水際で自由に泳ぐことを選ぼうが、それが自己組織化であれば問題ない。日本の地域社会を襲ったシャッター街の悪夢は、大型量販店やコミュニティーの崩壊が原因とされた。しかし今、その巨大なショッピングモールや大型商業施設が、世界的に崩壊していく危機にある。

加速するオンライン・ショッピングの影響だけでなく、人々は二〇世紀の消費文化そのものを懐疑し始めているのかもしれない。ベルリンの大型商業施設も例外ではない。経営破たんがささやかれているポツダム広場の「モール・オブ・ベルリン」がもし崩壊したら、ベルリンであれば難なく世界最大のクラブに作り変え、大型の都市農園工場に再生するだろう。ベルリンは荒廃地を再生するのに最も長けた市民コミュニティだからだ。

記憶を継承し続けることにドイツ国民は宿命的な贖罪を背負っている。壁の歴史もその後の街づくりの自己組織的な偶然も、ベルリン再生の歴史を刻む記憶の中にある。

壁の崩壊から三〇年が経とうとしている。

あとがき

本書は、壁崩壊後の都市再生を担った主役たちに焦点をあて、近年、スタートアップ都市として世界の注目を集めるベルリンを、「創発」という観点から描いた都市論の試みである。

一面の廃墟に降り立ったアーティストやハッカー、DJ、ネオ・ヒッピーたちが、いかにベルリンの再生とソーシャルイノベーションを引き起こしたのか？　この問いは、ベルリンと約三〇年関わり、二〇一五年四月から、実際にこの街で三年間暮らした経験から生じた。

ベルリンの都市論を書きたいと思ったのは、二〇一五年から約一年半、「ダイヤモンド・オンライン」で「ソーシャル×グローバルトレンド」という連載を担当し、ベルリンから見えるソーシャル経済の今を考えていた時だった。この連載原稿と同時に、二〇一六年、「WIRED.jp」での短期連載で、ベルリンの今を紹介した時の原稿も、本書に散りばめられている。表面的なベルリンは理解していたつもりでも、ベルリンに住んでわかったこと、欧州や世界の中でのベルリンは、自分の内部にあったベルリンの既成概念をことごとく再構築する作業だった。

ほんやりと理解していたベルリンが徐々に鮮明になってくると、また次のアスペクトが現れる。そしてその本質を何とか見い出すと、次には日本や世界の事象とベルリンが連続する。この繰り返しがベルリンという比類なき都市の魅力と驚きの源泉だった。本書の通底には「起動する都市」というコンテクストも内在している。これは、壁崩壊後の都市の再生から、近年のスタートアップの活況までを包含する意味である。廃墟の街に舞い降りた多彩な「天使」たちが、この街を今でも変化させている。この起動力こそ、ベルリンという都市の魅力なのだ。

クラブ、アートスペース、ミュージアム、博物館、ベルリン・フィル、アリーナ、図書館、コミュニティ・ガーデン、シュプレー河畔、ヒッピーヴィレッジ、スクウォッター、廃墟、バンカーなど、ベルリンを語る上で欠かせない場所は、これからの観光客にとっての聖域でもある。ベルリンの一般的なガイドブックが触れないベルリンの秘密や事象を描くこと。いわばベルリンという都市のプライバシーに触れることが、本書の眼目である。

ベルリンのプライバシーとは？　そもそも都市にプライバシーがあるのか？　いや、ベルリンのプライバシーは底知れず、歴史の彼方から未来にいたるまでを含んでいる。ただ言えるのは、僕が描いたベルリンのプライバシーは、秘密のまま封印されるようなものではなく、表層のベルリンから少し踏み込んで見えてくる表現可能なプライバシーである。

本当のプライバシーは秘密によって守られる。ネオ・ヒッピーたちの本当の「秘密」、ベルリンのクラブの本当の「秘密」、ヴィーガンやオーガニックの本当の「秘密」など、本書が示せたのはほんの表層の部分かもしれない。となれば、本書を手がかりに、本当の「秘密」を知りたいと思う人々は、ベルリンを訪れるべきである。ベルリンは、さまざま壁によってそのプライバシーが守られている。本書に散りばめられた「秘密」の扉が、ベルリンという都市を体験する際の、読者の冒険の一助になれば幸いである。

本書の出版を支え、導いてくれた友人たちに謝辞を贈りたい。二〇一五年四月から、ベルリン駐在という機会を与えていただいたクオン株式会社代表取締役武田隆氏に感謝したい。彼のベルリンへの導きがなければ、本書は生まれていない。二〇年来のベルリンの友人、ニーナ・フィッシャー、マロアン・エルサニ、クリスチャン・ウォズニキからはベルリンの秘密を解く多くのヒントを授かった。武邑塾という私塾を運営してくれた発起人、フェロー、そして多くの塾生たち。彼らとの交流も四年目となるベルリン生活を支えてくれた。

本書の編集を担当してくれた「飛ぶ教室」の石神俊大氏に感謝したい。石神氏の協力がなければ、本書は老研究者のプライバシーのまま留まっていたはずである。そして最後に、本書出版の機会を与えていただき、最終の校了にいたるまでお世話になった太田出版編集部野口理恵さんにお礼を申し上げたい。

二〇一八年六月一四日
ベルリン・クロイツベルクにて

武邑光裕（たけむら・みつひろ）

一九五四年生まれ。メディア美学者。クオン株式会社ベルリン支局長。日本大学芸術学部、京都造形芸術大学、東京大学大学院、札幌市立大学で教授職を歴任。一九八〇年代よりメディア論を講じ、インターネットの黎明期から現代のソーシャルメディアからAIにいたるまで、デジタル社会環境を研究。著書に『記憶のゆくたて――デジタル・アーカイブの文化経済』、『さよなら、インターネット――GDPRはネットとデータをどう変えるのか』など。ベルリン在住。

編集　石神俊大（飛ぶ教室）、野口理恵
編集補助　小森理美
デザイン　藤田裕美
写真　間部百合
地図作成　松島修一（マップ・タンク）

ベルリン・都市・未来

二〇一八年七月一八日　第一刷発行

著者　武邑光裕
発行人　岡　聡
発行所　株式会社太田出版
東京都新宿区愛住町二二第三山田ビル四階
太田出版HP　http://www.ohtabooks.com/
TEL〇三―三三五九―六二六二
FAX〇三―三三五九―〇〇四〇
振替　振替〇〇一二〇―六―一六二一六六

印刷・製本　株式会社シナノ

ISBN978-4-7783-1636-5 C0036